佛教大学四条センター叢書 5

老舗に学ぶ

京の衣食住

西岡 正子［編］

思文閣出版

京の老舗　謙虚な自信

京都市長　門川　大作

〝謙虚な自信〟父から聞いた私の好きな言葉です。

京都の老舗を継がれている方々のお姿を拝見するたび、いつもこの言葉を思い出します。家業に精進されているそのお姿は、誇りと自信に満ちています。同時に、伝統を守り、また、創造するための地道で真摯なお姿に、頭が下がります。

この度、京都に百年以上続く老舗の技や歴史、心、哲学などをまとめられたこの本に貫徹されているのは、控えめでありながら揺るぎない自信に満ち溢れた、そんな京都の老舗の〝謙虚な自信〟であると思います。

以前、ある老舗の御主人にこんな話をお聞きしました。

「〝変わらぬ味〟〝京の味〟と喜んでいただいておりますが、実は味は随分変わっています。百年前は冷蔵庫も真空パックもありません。ですから今より随分と塩分が多かったのですよ」と。

不易流行、受け継いできたものを、ただ守り通すだけではなく、常に研鑽と創意工夫を重ね、時代に対応しながら変わり続けていく。それこそが伝統を守るということだと。〝老舗の心〟に触れた思いがいたしました。

その御主人はこうもおっしゃいました。「変わらないのは、ほんまもんの材料と、手間、ひま、心を込めてつくる技。そして、そこから生まれる信頼だけです」と。京都にこのようなお店がたくさんあることを誇りに思います。

また、昨年、京都で世界遺産条約採択40周年記念会合が開催され、「世界遺産の過去・現在・未来」・京都ビジョンが発せられました。その際、ユネスコのボコバ事務局長らがこんな話をしてくれました。「数々の歴史的遺産、豊かな自然、美しい景観、学問、宗教、芸術、ものづくり企業がある京都は素晴らしい。しかし何よりも素晴らしいのは、それらが人々の生活の中にあり、優れた文化や伝統が活かされ、また、創造され続けていることだ」と。

文化遺産はものに宿るのではなく、人々の心、人々の生活の中にこそ宿るもの。そして、その象徴が老舗であると私は思います。本書で紹介されているように、今も京都では、暮らしを豊かにする知恵や技が、何気ない日々の暮らしの中で活かされ、磨かれ続けています。そしてその中にこそ、新しい未来を拓く鍵があると私は確信します。これからも京都の知恵や技、人々の生き方の哲学に学びながら、魅力あるまちづくりを進め、その心をしっかりと未来へ、世界へと伝えてまいります。

最近、朝、着物に着替えた後、妻と和菓子と抹茶をいただきます。夜は京都のお酒を味わい、畳に布団を敷いて、小さな坪庭を眺めながら休みます。京都の歴史、衣食住に満たされて暮らさせていただき幸せを感じる日々です。

合掌

伝統と老舗

茶道裏千家大宗匠
ユネスコ親善大使　千　玄室

「伝統とは何だろう」とよく質問を受ける。わかっているようでわからないのが本音であろう。伝統とは積み重ねられた歴史の中で創成された「もの」である。もともと日本人は古代から「もの」に対する信仰があった。「もの」は精霊で、そしてそこから「神」への信仰が生まれ仏の心とともに神仏一体の「祈りの世界」が展開されてきた。そうした心象世界が具体化したものが「もの」であり、日本人は自然界にその原点を求めた。そこから「もの」を生み、作りだそうとする創造性が生まれ育てられたのが、「伝統」である。日常生活に必要な「もの」はその時代の中でつくり出された。こうした智恵がさまざまな「もの」を生み出したといえよう。宗教の世界では、心の信仰が具象化して仏像となり、その付属物が発展して、自分達の日常生活にも用いられる必要品として姿や形となった。それらを造り出す職人の技が連綿と受け継がれて京都の伝統となったのである。

京都は一二〇〇年前に平安京として生まれ、江戸が東京と改められて首都が移されるまで栄え続けた。天皇を神として尊び敬い、そしてともに生存する誇りがさまざまな「もの」

を創り出した。老舗と称せられる店々に伝わり、改良され用いられた「もの」が今尚店頭に置かれている京都。その裏側には伝えられてきた信用の他に、間違いのない「もの」をお客に「おあづけする」という信念があった。もし悪ければ返却してご注意下さいという客に対するサービス精神があればこそであった。売りや買いの大事な点は、単に古い有名な店のものというだけですむ問題ではない。伝来の「もの」を丁重に扱う、この「扱」の字は手が及ぶということで粗相があってはならないのである。老舗という自負に悠然と胡坐をかいていたのでは、買い求められる方の要望に応えられない。謙虚の上にも尚、お客への思いを深くすることで、老舗はより以上の信用を得られるようになる。

京の「衣食住」は他の都市に見られない落ち着きと、自然と一体になった「もの」が存在している。それは老舗の主人、関係者が常に工夫をして、基本から生まれたものに時代に合う創意を加えているからだと思う。求める方も単に求め易いということだけでなく、その一つ一つに込められた由来や、その店を守る主人そして職人方の労苦を少しでも知っていただきたいと念じている。

目次

編集にあたって

1. 本書は、平成二十一年一月から二十四年三月まで、三年三ヵ月にわたって佛教大学四条センターで開講された「老舗に学ぶ京の衣食住」全三十八講座より、衣・食・住のバランス等を考慮しながら十六講座を選出し、講演内容を文字に起こしたうえで分かりやすく編集したものです。

2. 講演内容を尊重するために、加筆・削除などの編集作業は必要最低限の範囲にとどめました。同様の理由で、以下の内容につきましても、編集段階での検証等は行なっておりません。
・年紀や人名など歴史的事実
・専門的な用語、伝承

3. 講座はあくまでもそれぞれの老舗の立場から独自の視点で講演されたものであり、講師によって意見や理解の相違が見られますが、本書においてはあえて調整・統一はしておりません。

4. 講座によって、視聴覚資料の使用などの理由で講演時間に長短があることから、本書におけるページボリュームも章によって異なっています。

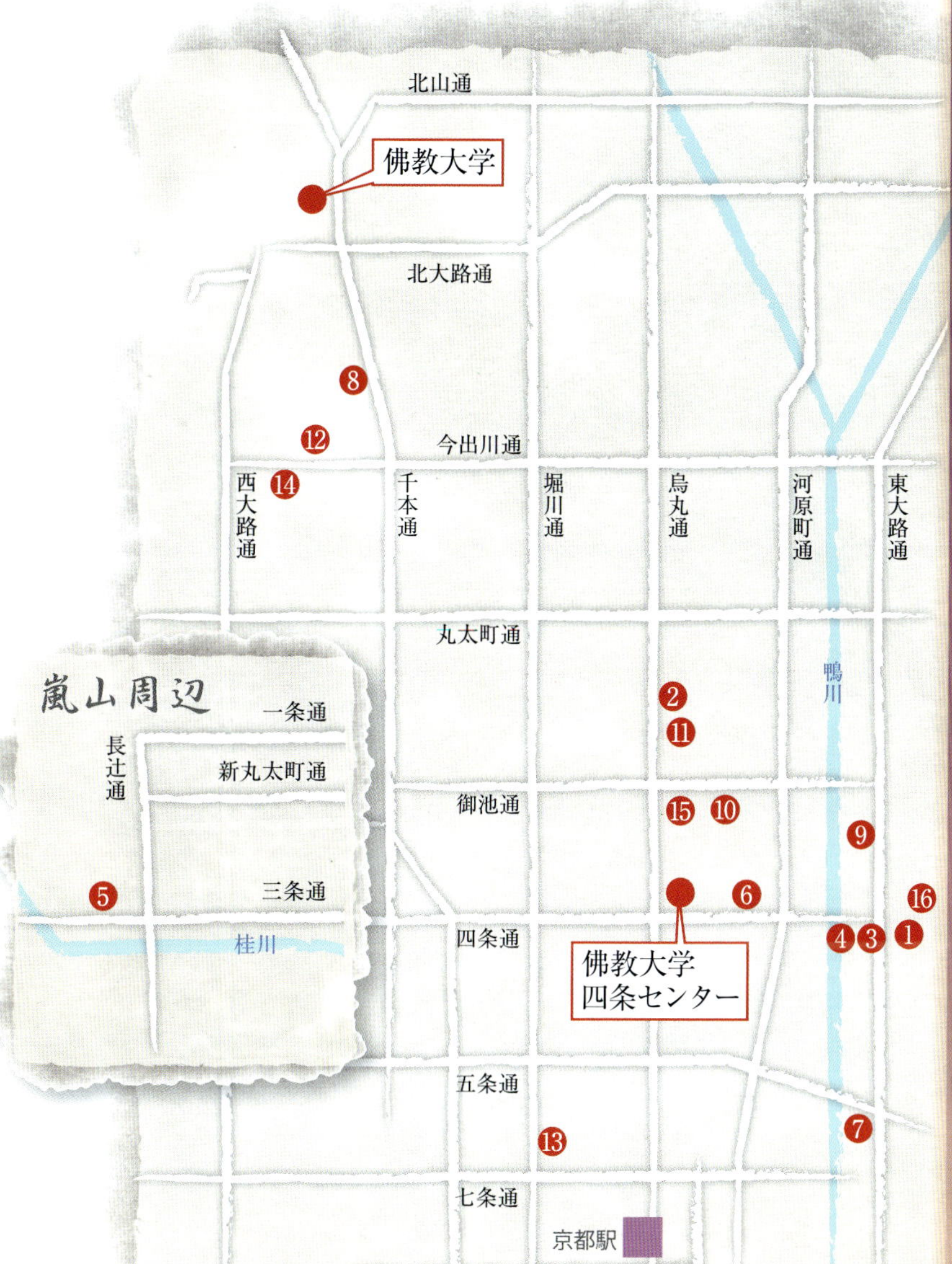

1. 二軒茶屋　中村楼
2. 松栄堂
3. 祇園辻利
4. 祇をん　幾岡屋
5. 嵐山　熊彦
6. 龍善堂
7. 半兵衛麸
8. 松文商店
9. 村山造酢
10. 彩雲堂
11. 本家 尾張屋本店
12. 上七軒　大文字
13. 京つけもの西利
14. 泰生織物
15. 亀末廣
16. いもぼう平野家本家

一

二軒茶屋　中村楼

八坂神社の境内で
京料理の伝統を紡ぎ祇園祭を担う

辻　雅光

上から二番目より「田楽豆腐」「稚児餅」「久世駒形稚児の稚児社参」

二軒茶屋中村楼と田楽豆腐

中村楼の創業

四条通りをまっすぐ東に行くと八坂神社の石段があり、その石段を登っていくと本殿の横に出ます。本殿は南向きなので、下河原通りと呼ばれている通りが八坂神社の正面となります。その正門を挟んで本殿に向かって右側と左側に一軒ずつできた二軒の腰掛茶屋の一つが私の店です。元々は柏屋《かしわや》といいました。店の起源について調べると、一五九六年、安土桃山時代に書かれた最も古い資料に、応仁の乱で焼失後、今の八坂の塔が再建された時に作られた古地図のなかに二軒の茶屋が記されています。

店の名前は、柏屋から中村屋に変わりましたが、私の菩提寺の記録によれば血筋は続いているようで、最初は重郎兵衛《じゅうろべえ》という名前を代々襲名していたようです。名前が変わるようになった時から数えて十二代目が私になります。

最初は八坂神社を参拝される方に簡単な香煎茶《こうせんちゃ》、菜飯《なめし》を出していたようです。菜飯とは、大根の葉をつるして乾燥させ、それを刻んで塩や醤油で薄味をつけて炊き込みご飯にしたものです。その後、名物になったのが田楽豆腐でした。

創意工夫で名物となった田楽豆腐

田楽豆腐はもともと祇園で売っているから「祇園豆腐」と呼ばれていました。田楽とは平安時代に田植えの時、五穀豊穣を願った踊りで、竹馬に乗って飛び跳ねるようなものだったそうです。その舞姿に似ていたことから田楽豆腐と呼ばれるようになりました。貴重品だった豆腐を薄く切って竹串に打って、それを焼いた餅に挟んで味噌だれを付けて、焦がし粉を振りかけたもので大変好評を博しました。お餅は古くから神社の儀式にはつきものでしたし、豆腐は鎌倉時代には寺院に伝わっていたのですが一般の庶民に広まったのは江戸時代の初期だといわれています。製造方法が発達してきた過程で、私どもの先祖が豆腐に目を向けて田楽豆腐を作り上げていったのでしょう。

味付けの味噌だれには白味噌を使っていました。味噌には赤味噌もありますが、赤味噌は塩分濃度を濃くし大豆を長時間かけて発酵させたもので、日持ちが良く保存食にもなる反面、味は塩辛くなります。一方、白味噌は大豆を蒸して煮、そこに米の麹をたくさん入れ十日から二週間発酵させて作るので、味に甘みがあり、当時貴重だった砂糖を使えない庶民はこれを甘味料として代用していたようです。ただ白味噌は塩分濃度が少ないため、日持ちがしません。

京都には多くの人が住み、需要もあったので、時間のかかる赤味噌よりも短期間でできる白味噌のほうが合理的で、甘味料としても使えて重宝されたようです。

田楽豆腐は当初、白味噌だれを落とすように豆腐にかけて、焦がし粉を振り、あぶっていましたが、白味噌をたくさん生産できるようになると、豆腐に白味噌を直接塗るようになりました。上流社会の人々だけでなく、町衆にも様々な物資が行き渡るにつれて人々の味覚は洗練されます。田楽豆腐も徐々に工夫が必要になり、白味噌を裏ごしして滑らかな味噌を塗るに留まらず、木の芽を入れて香りを付けるようになりました。時代ははっきりしていませんが、このようにして今日のような木の芽味噌をつけることになったようです。

豆腐が名物になった理由の一つには、売り出し方に工夫があったことも要因だと思います。当時、茶店というのは今でいうオープンカフェみたいなものです。八坂神社は由緒のある神社のため江戸時代から境内は賑わい、出店が立ち並ぶ庶民の娯楽の場でもありました。そのため私の店では少しでもお客さんに来てもらうよう、豆腐を売る際、店頭で豆腐切りを始めました。豆腐をまな板にのせて、包丁の音を響かせながら同じ大きさに切り揃えて、焼いて出したのです。この姿が面白いということで、『東海道中膝栗毛』の中でも取り上げられるくらいで、パフォーマンスの印象が強く残ったようです。

祇園祭と中村楼

中村楼の稚児餅

我が家は八坂神社の氏子でもあるため、六月の朔日《ついたち》、半年の真ん中に稚児餅を神社にお供えする風習があります。一般的な稚児餅は、正月についた餅を信州のような寒い気候の中で自然に乾燥させた氷餅を削り、餅でつくったお菓子の上に振りかけキラキラ輝かせたものです。お菓子の原型みたいなものですが、私の店では少しアレンジし、餅に竹串を打って、豆粒の残った粗い白味噌をつけて焼いて竹の皮に包み、稚児笹を飾って十本ずつ五組を二つ、合計百本をお供えします。

また、このお菓子は祇園祭で神社にお供えし、稚児さんにもお出しします。七月の暑い時期に餅を食べていただくことで力も付きますし、お腹もふくれるため、祇園祭で稚児餅を供えるようになったのだと思いますが、この餅を食べると夏痩せをせずに厄除けにもなり、元気に夏を過ごせるといわれてきました。

祇園祭とは

京都の祭りといえば一番に祇園祭と出てくるくらい有名ですが、これは大変古いお祭りです。八坂神社は疫除けの神様であるスサノオノミコトを祀っており、平安時代に京都で疫病が流行したのを鎮めるために始まったといわれています。スサノオノミコトを祀った八坂神社の分社は全国に数千もあるといわれていますが、それを束ねる八坂神社が当時の国数の六十六ヵ国の疫除けのため神泉苑に六十六個の鉾を立て、八坂神社からスサノオノミコトの御霊をのせた神輿を送り疫病の退散を願ったそうです。

スサノオノミコトが疫病退散の神とされる由縁は蘇民将来《そみんしょうらい》の話に因んでいます。簡単に申しますとスサノオノミコトが南海を旅された時、一夜の宿を乞おうとある村の裕福な巨旦将来《こたんしょうらい》に声をかけますが断られ、仕方なくもう一軒の貧しい家に行きます。その家の主・蘇民将来は心良くスサノオノミコトを泊めた上、粟で作った粥で温かくもてなしました。スサノオノミコトはこれに大変感激して、疫病が流行ったときには茅《ち》の輪を作って身に付けるか門にくくり付けなさいといって去られたそうです。その後、疫病が流行ったときに巨旦将来の家は途絶えたのに対し、蘇民将来の家は忠告を守ったため栄えたそうです。この故事にちなんで祇園祭では「蘇民将来子孫也」という御札をあちこちに付けて回ります。今でも食中毒などが暑い夏にははやりがちです。そのための厄除けの祭が祇園祭だということを私たちも大切に伝えていきたいと思っています。

祇園祭は八坂神社のお祭りと一般的には思われがちですが、実は久世にある綾戸国中神社《あやとくなかじんじゃ》と共同で行うお祭りです。昔、久世の地は水で覆われた土地だったのですが、そこにスサノオノミコトが舞い降りて水切りをしたという伝承があり、スサノオノミコトの愛馬の頭を模した木札を祀ったのが綾戸国中神社のはじまりといわれています。

ではなぜ、祇園祭がこの綾戸国中神社の祭礼でもあるのかというと、平安時代の鴨川は今のように穏やかな流れではなく、一旦大水がおこったら手が付けられないものでした。あるとき大水のせいで八坂神社の御神体の一つが流され久世地方に流れ着き、それが拾われて綾戸国中神社に祀られたという縁があるのです。そのため、祇園祭にはここの氏子から久世駒形稚児《くぜこまがたちご》という大切な役割を果す稚児さんが二名選出され、大役を任されます。

祇園祭の行事

〈七月一日から〉

まず、祇園祭初日の七月一日には長刀鉾《なぎなたぼこ》の稚児や役員、各鉾町の人々がお千度参りをする吉符入《きっぷい》りがあります。現在では、神社の本殿の周囲を拝むようにして三回廻ります。

二日はくじ取り式、七日には綾傘鉾《あやがさぼこ》の六名のお稚児さんがお参りされます。

十日は四時頃からお迎え提灯が行われます。これは神社の境内に万灯篭を出し、役員が隊列を組んで、子どもの踊りなども加えながら八坂神社から四条河原町、市役所、御旅所(四条寺町)を経て八坂神社に帰ってくる練り歩きの儀式です。こうして街中を清めた後、午後八時頃に神輿洗いのため、飾りを付けていない神輿を鴨川に運んで清めます。

〈七月十三日から〉

十三日に稚児社参といって御位もらいの儀があります。長刀鉾に乗る稚児は午前十一時頃、正五位十万石《しょうごいじゅうまんごく》という位をいただき、お付きの禿《かむろ》と一緒にお祓いを受けます。久世駒形稚児二名も午後二時頃に同じように行われますが、それらの儀式は私の店の稚児餅をお供えすることから始まります。久世駒形稚児は御神体を付けられて神そのものとみなされるので、白馬に乗って神社の本殿に入ります。天皇家など高貴な方々でも自分の足で歩いて入らなくてはならないのですが、久世駒形稚児だけは騎乗で入ることを許されています。御位もらいの儀式の後、稚児たちは私の店に来られます。昼食を取っていただくのですが、その前に茶席を設けて稚児と役員の方々を招きます。餅は餅屋さんに頼んでいますが、その他は男手で作ります。お点前《てまえ》なども男性だけで行い、主菓子に稚児餅をお出しします。稚児には稚児餅と薄い抹茶、亀屋伊織《かめやいおり》さんの干菓子、滝煎餅《たきせんべい》と青楓《あおかえで》を添えて貴人点《きにんだて》でお出しします。お点前は私が裃をつけて行います。お出しするものは全部、事前に火打ち石で清めています。

余談ですが、この時は祇園祭にちなんだ茶道具でもてなします。床の間には曾呂利新左衛門《そろりしんざえもん》という、豊臣秀吉に茶を教えた人が書いた掛け軸をかけ、お茶碗は楽焼で銘は「鈴の音」、花入れには古い祇園社のみくじの筒や、稚児のかぶっている烏帽子をかたどった竹かごの花入れなどを使っています。「蘇民将来子孫也」と書いた棗、しめ縄、祇園祭の巴の紋の入った釜を使い、茶杓は祇園祭のたいまつで使われた古い竹で作り、神輿洗いや稚児といった名前の付いたものを使っています。大変厳粛な雰囲気です。この儀式は祖父の代からやっていたのですが、父が早く亡くなってしまったので、私はあわてて茶を習いに行き、中村楼当主の義務として特訓しました。神社の境内という場所で商売をさせていただいているので、餅を作る時も稚児を迎える時も、精進潔斎しなくてはなりません。七月になると風邪をひくなど許されないので、七月は特に気合を入れています。

〈七月十五日から〉

十五日は宵々山、十六日は宵山で、午前九時から八坂神社の本殿で献茶祭が行われます。これは裏千家と表千家が一年おきに交代でお献茶をされます。世の中の安泰を祈願して家元がお点前をされますが、その副席が八坂神社の境内などに何ヵ所か設けられます。そのほか、料理屋の美濃幸《みのこう》さん、お茶屋では四条花見小路の一力《いちりき》さん、そして私の店でも茶席が設けられます。毎年、私の店では幽静会という裏千家の人々が茶会を催します。裏千家が当番の年は二ヵ所で茶会が催され、朝の六時から八百人くらい茶席に来られるので、境内や祇園界隈は着物を着た人で大変にぎわいます。

〈七月十七日から〉

十七日、いよいよ山鉾巡行になります。神輿が通る前に街中を清めるために山鉾の巡行があります。観光客の方は山鉾巡行が終われば祇園祭が終わると考える方が多いようですが、十七日の夜に八坂神社から三基の神輿、中御座(スサノオノミコト)、東御座(妻のクシナダヒメ)、西御座(子どものヤハシラノミコトガミ)がそれぞれの町内を回って御旅所に行かれる、実はこれが祇園祭の中心です。

京都の祭は観光が目的で行われているのではなく神事であると神社関係の方は言われます。神輿には神様の御霊が乗ってお出ましになります。ただ、神輿が御旅所に行っている間は本殿には神様がいないわけではありません。神無月という月に神様は皆、出雲大社に行って留守になるという話がありますが、本当は、神様は分身ができるのでいつどこにでもおられます。神輿が御旅所に行っている間も本殿に神様はおられるからそこにもお参りし、御旅所の神さまにもお参りするのが最も良いと思います。この本祭りの際も山鉾巡行の無事を祈り、神輿渡行の無事を祈って稚児餅をお供えします。

十七日から一週間後の二十四日には還幸祭《かんこうさい》が行われ、神輿が御旅所から帰って来られます。その日の午前中に花笠巡行があり、千人ほどの行列が八坂神社から四条河原町、市役所前を通って寺町から御旅所と回ります。これも神様が通る前に街中を清める行事です。その日の夜に神輿が本殿に帰って来られます。この日にも御旅所から本殿に無事帰ってこられることを祈って稚児餅をお供えします。

二十八日には再び神輿を鴨川に清めに行きます。飾りをとって八百万《やおよろず》の神様に無事に祭を執り行えたことを感謝します。四条大橋から下流の部分を宮川といいます。そこで神輿が清められることから、宮川町と呼ばれるようになったそうです。二十八日に神輿を鴨川に清めに行っている間、私の店の前で菊水鉾が最後の祇園囃しを奉納します。三十一日には八坂神社の中にある疫神社の鳥居に茅の輪が飾られます。これをくぐると厄除けになり、魔除けになるといわれています。これも蘇民将来の言い伝えからきているものです。これで、ようやく一ヵ月にわたる祇園祭が終わります。

祇園祭の風物詩

粽

中国の楚の時代の政治家で、人柄の良かった屈原《くつげん》という人が入水自殺したとき、遺体が魚につつかれていました。それを目にした民衆が、つつかれないように米で作った粽を投げ入れたのが、端午の節句に食べる粽《ちまき》の始まりといわれています。

しかし祇園祭に各鉾町で売られる粽は、端午の節句とは違って食べられません。北山の笹を十枚束ねて巻いて粽に仕上げ、玄関につるす厄除け、災難除けのお守りです。ところが、京都の北山ではここ何年かで笹がほとんど枯れてしまいました。新芽がでても全て鹿に食べられてしまっています。残念なことだと思います。

鱧

祇園祭は鱧《はも》を食べる時期に当たるため、鱧祭とも呼ばれてきました。昔から梅雨の水を飲むと鱧の骨も軟らかくなり、脂ものって美味しくなるといわれいます。実際、私の店で調理していても、梅雨の頃になると骨切りも心地良くできるようになります。鱧は色々な料理に使われますが、京都には鱧きゅうという料理があります。鱧の身を剥がして残った皮をたれにつけて焼いて、胡瓜を和えて酢のものにしたのです。

八坂神社の氏子は、胡瓜禁止の7月

八坂神社の氏子は、祇園祭の間は胡瓜を食べてはいけないという風習があります。なぜ胡瓜を食べてはいけないかというと、胡瓜の字は昔、木の瓜と書き、八坂神社の木瓜《もっこう》の紋が、胡瓜の切り口に似ているからです。また、知恩院の前に瓜生石《うりゅうせき》という石がありますが、一説によれば牛頭天王《ごずてんのう》(スサノオノミコト)がその石に舞い降りたところ、その場所に一夜にして胡瓜の実がなったことに感謝し、牛頭天王を八坂神社に祀ったとされています。それ故に、神様にゆかりのある胡瓜の実に敬意を表して食べるのを禁じたそうです。

これは京都よりも博多で厳格に守られているようで、祇園山笠の期間は学校の給食にも出さないそうです。寺でも胡瓜封じなどが行われるので、昔から胡瓜には魔力があると考えられてきたようです。夏の特に美味しい時期にあえて胡瓜を食べずに耐える心が信仰に結びつくとも考えられます。また、昔の胡瓜はあくが強かったともいわれています。

京料理とは

京料理の基礎となる、だし

京料理を簡単に説明すると、京都に入ってきた様々なものを工夫して作ったお惣菜、御所で生まれた有職料理、茶道から生まれた懐石料理、お寺で生まれた精進料理などが融合された料理のことです。薄味で野菜中心、鰹と昆布のだしで調理するのが特徴です。京都は関東と違って水が軟らかいので、鰹と昆布のだしがでやすいことも背景にあると思います。だしをとるときには、大きな鍋に昆布を入れます。家庭の鍋で取る場合は、だしの旨味が出る前に沸騰してしまうため、なかなか良いだしは取れません。昆布の旨味成分が出るのは約六十七度から七十度の水温です。これくらいの温度で時間をかけてだしを取ると良いですね。そして、水に色が付いてきた頃に昆布をあげて温度を上げます。その後、鰹節を一握り入れて自然に沈ませます。

こうすると美味しいだしが作れます。昆布と鰹のだしは現在、世界の料理業界から見直されているので、私たち料理人だけでなく、一般の家庭でもこのだしを復活させていただきたいと思います。

京料理の素材と鱧の調理法

さて京料理に欠かせない京野菜ですが、もともと種や苗が京都にあったものではありません。都であった京都には様々なものが入ってきました。例えば米は琵琶湖のほとりの近州米、魚は鯖や若狭鰈《わかさがれい》、若狭甘《わかさぐ》鯛《じ》、これは一塩物《ひとしおもの》といって、魚の内臓をとって塩をふって送り出すので、京都に運んできた頃にちょうど良い塩加減になり、それを寿司にしたり火であぶったりして調理していました。また、北前船で運ばれた昆布、棒鱈《ぼうだら》、鰊なども使いました。しかし、野菜は日持ちがしないので、何らかの方法で育てないといけません。そこで、大水がおこると、川の上流から栄養分を含んだ泥が運ばれて良い土壌ができる周辺で京野菜を育てる人が現れ、京都の風土にあった野菜がうまれたのです。

京都は海から遠くて生魚を使うことができませんでしたが、鱧だけは非常に生命力の強い魚で京都まで生きて届いたため、新鮮な海の幸として大変重宝されました。しかし、鱧はもともと骨だらけでどうしようもない魚でした。そこで骨切りという調理方法が考えだされました。一・五ミリメートル幅で骨切りをしますが、骨だけを単に早く切れば良いというものではありません。皮が厚くゼラチン質が多いので、一定のリズムで皮の中ほどまで包丁を入れなければ生臭く硬みが残ります。また鱧は蒲鉾などの練り製品を作るのに大変合っていました。鱧を腹から開いて内臓を出して、出刃包丁の峰でこそげを取ったものをすり身に利用し、残った皮は七月以外のときは鱧きゅうにして楽しみました。皆さんがデパ地下や錦市場で骨切りした鱧を買って、そのまま食べると皮がゼラチン質で硬くなることが多いと思います。召し上がられる際は、一度湯にくぐらせてください。鱧の落とし、鱧の付け焼きと塩焼きして黒胡麻を振った鱧の源平焼、柳川を鱧で調理するのも美味しいです。天ぷらにも合います。残りは南蛮漬けにするとほとんど食べられます。最近は、環境の影響か日本の鱧は非常に痩せて、脂がのっていません。そのため韓国産の鱧がよく使われます。骨が軟らかくて脂の乗っている鱧は頭が小さくて目がつぶらなのが特徴です。

伝統の大切さや文化への誇りを忘れずに

私の店は祇園の「二軒茶屋」と呼ばれ、京都のわらべ唄の新春手まり唄の歌詞のなかにも名前が残り、舞妓さんや芸妓さんが舞う「京の四季」でも歌われるくらい広く親しまれてきました。向かいの店は明治の初期の火災でなくなりましたが、一軒でも「二軒茶屋」と名乗っています。幕末には坂本龍馬、明治維新の頃には明治天皇の弟筋で有栖川宮熾仁親王《ありすがわのみやたるひとしんのう》、威仁親王《たけひとしんのう》や伊藤博文なども頻繁にご利用いただいていたようです。でも、初心を忘れないために、屋号に「二軒茶屋」を使っています。

時代によって価値観も物事も変わっていきますが、それでも変わらせてはいけないものがあると私は思います。祇園祭の行事や京料理の約束事もそうです。長い年月積み上げてきた祖先の知恵を大切にすることで、違う改良点が見つかることもあると思っています。

歴史ある京都の八坂神社の境内で店を営み、伝統行事に深く携わるからこそ、伝統の大切さや文化への誇りを忘れず、これからも研鑽していきたいと思います。

【平成二十二年六月十六日「稚児餅について」より】

辻 雅光（ツジ マサミツ）

1951年、京都府生まれ。
1974年、立命館大学卒業後、東京にて修業。1976年、中村楼に入社。井口海仙について茶を習う。1983年、12代目主人となり、現在に至る。
著書に『中村楼の茶懐石』（淡交社 2001年）がある。

株式会社 中村楼（ナカムラロウ）

八坂神社南門の参道脇にある老舗料理屋。室町末期に門前茶屋として創業、名物の田楽豆腐などを供すようになり、江戸末期から料理茶屋に。明治維新の頃には屈指の京料理店として知られ、宮家、政財界、文人墨客などが集った。祇園祭にまつわる行事が行われることでも有名。門前茶屋では甘味も楽しめる。
京都市東山区祇園八坂神社鳥居内
電話：075-561-0016（代）
FAX：075-541-6738
URL：http://nakamurarou.com/

二　松栄堂

香、伝統の世界を守りながら、革新の世界を開拓する

畑　正高

上から「明治四十年頃の店舗」「たき物（練香）」「煙にみえる香り」「伝統的なお線香の製造」

先祖を敬うことが松栄堂の礎石

松栄堂の歴史

松栄堂の創業は今から三百年ほど前、宝永二（一七〇五）年、丹波篠山の里長であった畑六左衛門守吉《はたろくざえもんもりよし》が商いの道を志して京都に店を構えた「笹屋《ささや》」に始まります。御所の主水職《もんどしょく》を勤めた三代目守経《もりつね》の頃「松栄堂」として本格的に香づくりに携わるようになりました。

明治三十（一八九七）年頃、曾祖父の時代に崩れにくい円錐形の〈香水香《こうすいこう》〉を開発し、日本初の対米輸出に成功しました。伝統の技術を受け継ぎ、昔ながらの香を守りつつ、時節を読んで時代に望まれるものを生み出していくよう心がけています。そのため手掛けている商品も、宗教用の薫香《くんこう》、茶の湯の席で用いる香木や練香《ねりこう》、お座敷用のお線香から手軽なインセンス、匂い袋など香百般に及んでいます。

畑一族について

私の家は、『太平記』にも登場する畑六郎左衛門時能《はたろくろうざえもんときよし》の流れを汲んでいます。時能は、武蔵の国（現在の埼玉県）出身で悪党と呼ばれた地元有力武士のひとりで、新田義貞の腹心の部下でもありました。また、時能は犬獅子《けんじし》という犬を使って戦ったことから日本で初めて軍用犬を使役した人物としても有名です。

埼玉県と群馬県との境にあるＪＲ神保原駅付近に残っている金久保城《かなくぼじょう》跡の近くの寺には畑児塚《はたごづか》という塚があります。新田義貞が戦死した後も最後まで戦った時能が、激戦の末福井県で亡くなったため、その首を家臣の児玉光信が持ち帰って埋葬した場所だといわれています。

大正四(一九一五)年、時能に政府から位が贈られ、社会的に畑時能が認められたその事実は全国の畑一族の結束を高めました。もちろん我が家にとっても大きな出来事として伝えられ、畑一族として誇りある生き方をする一つの指標になっています。

祖父は畑家の誇りを大切にし、また、団結することの重要さを理解していた人でした。祖父は戦前、畑時能ゆかりの土地である福井県と石川県の境に畑神社という神社を建てようとしました。家業とは全く関係ありませんが、そういう思いを抱くほど祖先を敬い、誇りを持っていました。ただ、残念ながら戦争の影響で建立はできませんでした。父もその願いを継承し、私に伝えてくれました。

松栄堂のビジネスの在り方

一族の誇りを持ち、真っ当な商売を心がける

家業のビジネスの在り方と、先祖への誇りを抱き守ることは重なる部分も多いですが、やはり少し違うものです。

私は畑家の長男として責任を持って家の誇りを預かっている一方で、商いは商いで先祖の名を汚さないように真っ当に商売をしながら、さらに発展させるために、家族だけでなく従業員全員で商いを育んでいくよ

う心がけています。これは祖父や父の背から学んだことでもあります。

祖父が家業を仕切っていた時代は第二次大戦前なので記録はあまり残っていません。ただ、当時の写真に映っている仕事の様子は、現在、会社のある烏丸二条のビルでやっている内容とほぼ同じでした。仕事の内容は当時と現在ではあまり変わっていないということですね。

明治三十(一八九七)年から始まった輸出向きの円錐型の香の製造について。これはアメリカまで輸出しても形が崩れないように試行錯誤した末にでき上がったものだと聞いています。輸出用の商品には六種類の香りが入った「ピースフルダンス」というものがありました。

それを作る作業場は私が生まれた時にはまだ残っていました。子どもの頃には学校から帰るとそこへ行って、二階の奥の部屋にいる三名程の女性の従業員さんから飴玉をもらったり遊んでもらったりしたのも今では良い思い出です。

戦前から戦中にかけて、会社にモーターが入り作業場が近代化されていきました。胴突きという製粉機が動き、こね機が動き、人力から機械へと作業が移っていきました。

この当時作っていた商品の写真を見てみると今のものとの違いはそれほど分かりません。ただ商品の容器にガラスが使われていたり桐箱が使われていたりして、非常に丁寧な商品作りをしていたことは分かります。

戦後すぐの時期、香はぜいたく品だったので、奢侈品にかかる物品税がかかっていました。この税は、毎月計算して納めなくてはならないもので、消費税が導入されるまでずっと続きました。しかし両親はこの税金の納入を欠かしたことはありません。商売事情が苦しい時期でも、父は自分の給料よりも物品税の納税を優先させていました。特に昭和二十年代から三十年代にかけて私たち一家は、質実で慎ましい生活を送っていました。しかし、そうしたなかでも、店の営業終了後には屛風を出して、先生を招いて謡会などを催し、勉強することを欠かしませんでした。祖父などは香道の家元についてお香会などに出かけていましたがその伝統は父にも、私にも引き継がれています。非日常のそれらの会などで聞く事柄は、私の専門的な知識となって日々役立っています。

日常と違う時間や場所を「ハレの時間」「ハレの場」ということをご存知だと思いますが、これがよくよく実感できるのもこういう場です。昨今の生活では「ハレ」と「ケ」の区別がなくなってしまっていませんか。「ハレ」の楽しさと「ケ」の日常生活のメリハリは、生活するうえで大変重要なことではないでしょうか。

生い立ち

私の生まれた家は、昭和四十七（一九七二）年まで車屋町通といって烏丸の一つ東にありました。むかし、烏丸通は小路で、御幸通《みゆきどおり》とするため、丸太町から南は東側を拡幅し、御所につきあたったところから北は西側を拡幅しました。私の店がある烏丸通の東側は幅の細いビルがたくさん建っていたのですが、これは、もともとうなぎの寝床といわれた町屋が削られたからです。自宅を移転するかとかなり悩んだそうですが、結局、現在の烏丸二条にビルを建ててその上を住居にしました。

私は昭和二十九（一九五四）年に生まれましたが、祖父は男の子が生まれたことを大変喜んだそうです。母は京北の出身ですが、食い初めや初節句のときには母方の祖母まで来てくれました。慎ましい生活でしたが、このような伝統的な祝い事をきっちりとしてくれたことに感謝します。

余談ですが京北は私にとっても思い出深い場所です。私の家では、子どもが夏休みに入る頃から、宗教関連の商品を扱う店のお盆時期の忙しさは凄まじいものとなります。そのため七月二十日頃から八月の十日頃までは京北の母の実家に預けられていました。幸い、母は六人姉弟で最も年長者だったので、母の弟である六番目の叔父と私は年齢が一回りしか違わず、叔父達に非常にかわいがってもらいました。

現在でも家族の中で誇りとして心の支えになっているのが、昭和三十九(一九六四)年、東京オリンピックの年に私が祇園祭の長刀鉾《なぎなたぼこ》の稚児を務めたことです。私の家は下御霊《しもごりょう》神社の氏子でしたので当初は遠慮していたのですが、寺町の同業者のご先代に強く推薦していただいたこともあって務めることになりました。

稚児というのは五月の大将人形のようなものです。どこに行っても一番にジュースがもらえたのでお腹をこわすくらいでした。当時は御所の紫宸殿にごあいさつに上がり拝舞を奉るという行事がありました。様々な事情で現在ではなくなっていますが、このような行事があったことは今後も語り継いでいかなくてはならないと思います。

そのような経験をさせてもらいながら、大学を卒業後、私は一年間ヨーロッパで過ごし、その後、父の経営する会社の製造現場に入りました。香といえば、誰もが知っているといわれますが、当時の日常生活では忘れられているように思えました。その現状を払拭したいと考えるようになったのが、仕事を始めてしばらくしてからのことでした。

歴史を学び、歴史に学ぶ

古典や絵画などにみる香

私は様々な古典や絵画などを見るときに、つい香が出てくる場面を見てしまいます。そして、そこに描かれた様子を見て大きさや文様、使われている道具などに思いを巡らします。例えば、多くの錦絵は一八〇〇年代初頭に描かれていて、題材は軍記物や文学から取られ、特に『太平記』『平家物語』『源氏物語』などが錦絵の題材になることが多かったようです。

現在の高校生は『源氏物語』を『あさきゆめみし』というコミック本で読んでいるそうですが、私なら『まろ、ん？　大掴源氏物語《おおつかみげんじものがたり》』というコミック本をお勧めしますね。これは『源氏物語』をパロディにしているものですが、非常にまじめな本です。学校の古典の授業の成績とは関係なく、『源氏物語』が面白いものであることを教えてくれる作品だと思います。このコミックスを見てみると非常に時代考証がしっかりしています。

一枚の錦絵に学んだことがあります。香炉の中にガラスのようなものが描かれているのですが、これは雲母《うんも》、香の世界では銀葉《ぎんよう》と呼ぶものです。香をのせて火の上におくための専門的な道具で現在でも使います。その上に煙のようなものが描かれていますが、雲母を使うときは、煙が立ち上らない程度に炭団を深く埋め込むため煙がたつような熱の作り方は失敗なんです。つまりこの絵の煙は、香りを描いたものなんですね。この絵を見たことで、それまで煙を表していると思っていたものが香りなのではないかと思うようになった事例がいくつかあります。

たとえば東京国立博物館には、双六板に遊女がゆったりと座っている絵があります。その足元に香炉道具が置いてあって、胸元から煙のようなものが立ち上っています。昔はこれを煙だと思っていましたが、最近では香りが立ち上っているのではないかと思うようになりました。浦島太郎の物語で、浦島太郎が玉手箱を開けた時に立ち上る煙のようなものも香りではないでしょうか。浦島太郎は玉手箱を開けて、懐かしいふるさとの香りに触れることで、長い年月を異国で過ごしていたことから我に返った。つまり太郎の古い記憶を現実に立ち返らせたのは、煙ではなくて香りによるものだと思うとロマンがありませんか。

香と時代

香は聖徳太子の時代に伝来しましたが、平安時代には儀式に使われるだけのものから鑑賞するものとしての要素が組み込まれ始めました。平安時代は四百年あります。学校では、ひとくくりにして教えられますが、これは歴史の見方を狭隘にする要因ではないでしょうか。

中国の文化や教養を学び、飛鳥時代以降、中国を真似て法制度や都市づくりを始めましたが、失敗を重ね体験し、平安京でようやく成功します。しかし、その後百年で遣唐使が廃止となり、唐も滅亡してしまいますとだんだんと文化は和様化していきます。『古今和歌集』が編纂され、かな文字も発達しました。もちろん衣装も変化していきます。香りも変化したようですが、それを写真や絵で見ることはできません。目には見えませんが、香りの変化がどのようなものであったかを想像したいものです。

ただ、分かっていることは香の材料は平安時代でも海外から調達しており、その時点で既に貴重品でした。香辛料と同様、材料はそれぞれ個性の強いものばかりなので、それをうまく配合するレシピを知らないと良いものはできません。我が国の香は、平安時代中期（一〇〇〇年頃）、中国から船載された材料を使い、唐様の教養のある人が工夫をして練り合わせて整えたものが原点となっています。

中国の文化を自国に取り入れ、熟成させ、その過程で日本人的な哲学、文学、考え方などが生まれてきました。明治時代以降は希薄になってしまっていますが、それまでのどの時代の教養人も平安時代中期『古今和歌集』『源氏物語』『枕草子』の頃の考え方、感じ方を文化のベースにしていたように思えます。例えば、梅は古代に中国から伝えられた植物です。御所にある左近の桜も元々は梅だったほど貴重であり高貴なもので、野山に咲く植物とは一線を画した、限られた人の家の庭に植えられ愛でられてきた植物です。だから梅のおもしろさを歌にしたり、絵に描いたり、色合わせで表現したりできるということは、唐様の教養を身に付けた文化人としてのステータスを意味し、貴族社会で生きるためのベースにもなっていました。また、梅が咲くことは、当時の人々にとっては命をも脅かす冬を越えることができたという象徴でもありました。だからこそ梅の花をモチーフにし、様々な香料を作り、めでたいものであると長く意識されてきたのです。千利休も香を作るときに梅花を主題に好んだということも伝えられています。今日でも茶の世界では練香のことを梅ヶ香《うめがか》と呼んでいます。

『枕草子』にも香の話が出てきます。「こころときめきするもの」という題で、

こころときめきするもの　雀の子飼　ちごあそばする所のまへわたる　よきたき物たきてひとりふしたる　唐鏡のすこしくらき見たる　よき男の車とどめて案内し問はせたる　かしらあらひ化粧じて

かうばしうしみたるきぬなどきたる　ことに見る人なき所にても　心のうちはなほいとをかし　待つ人などのある夜　雨のおと　風の吹きゆるがすも　ふとおどろかる

清少納言は、紫式部と並んで当時の宮中の教養のある女性の代表として知られていたのですが、彼女が大好きなものとしてこのようなことを挙げているのです。「雀の子飼」とは子雀の世話をすることが楽しい時間であるという意味でしょう。女性が雀の世話をするということは古典にはよく出てきます。『源氏物語』でも若紫が雀に逃げられて泣く場面がありますし、歌舞伎の舞台でもお姫様が籠に入れて飼っている子雀のもとに親雀がやってきたのを見て涙をこぼすシーンがあります。昔の女性にとってはペットにする動物として子雀が普通だったのですね。「ちごあそばする所のまへわたる」とは子どもが遊んでいる所を通ることです。子どもの様子を見るのが楽しいことは皆さんも分かると思います。「よきたき物たきて、ひとりふしたる」とは、良い香を焚いて横になっている時に心がときめくということです。現在でも、『枕草子』に書かれた香を求めたいとお客さんが私の店にも来られます。ただ、現在、これに近い香を作っても、清少納言のようにこころときめくものにはなりません。なぜなら、清少納言は「よきたき物」の「よき」の意味に、大切な人がわざわざ贈ってくれた、という意味を含めているからです。ただ香りが似ているだけでは心のときめきは起こらないですよね。「唐鏡のすこしくらき見たる」というのは、鏡自体が貴重品だった時代には手元に鏡があることだけで、喜びを感じられたのでしょう。「よき男の車とどめて」の「車」は牛車です。身分の高い男性が牛車で通りがかったので、どのような様子かお伴の人に見に行かせると、その牛車を止めて返事を聞かせてくれという声が聞こえるという状況です。心がときめく瞬間ですね。「かしらあらひ、化粧じて」とは、髪の毛を洗って化粧をして、という意味ですが、当時の人は陰陽五行の暦に生きていますから、むやみに髪の毛を洗うことはしませんでした。髪を洗う日を選び、待ち焦がれる思いだったのです。このような日に「かうばしうしみたるきぬなどきたる」、つまり香を良く焚きこめて整えてある絹の衣装を着れば、自分が生まれ変わったかのようにかわいく見えた日だったと思います。この短い文章のなかで二度も清少納言は香にまつわる話を書いています。それほど、香が身近なものだったのでしょう。

歴史に彩られた京都の文化を次世代に受け継ぐ

伝統と革新

歴史文化の肥沃な大地に生きていることがどれほどありがたいことか、日本に住む私たちは共通に理解していることだと思います。私たちの日常においても歴史的認識を持ちながら生きることは自分を豊かにすることだといえるのではないでしょうか。特に京都で生活し、生業を持っている私たちはそれを実感する機会が多いでしょうし、実践していかないといけないことでもあると考えています。しかし伝統だけを守っていても停滞してしまいます。伝統と革新は双方が共存しているからこそ、初めて私達は生きていると実感できるのです。

温故知新という言葉がありますが、温故というのは温かくて身を任せられるもので、知新は冷たくて常に命をかけなくてはいけないものであると考えています。しかし、温故があるから知新を求めるエネルギーも出てくると思います。温故をすること、すなわち肥沃な大地にどれだけ学ぶことができるかが大事だと思います。私の会社では伝統産業の近代化などとよくいわれますが、一般的に考えられている香の概念を変えていくために様々なことをしています。その際に一番大切なことは、伝統に対する責任だと思います。紙の裏表のように伝統と革新を共存させていることが重要なのではないでしょうか。例えば、私の会社でやっている昔ながらの竹べらを使った製造の作業は、長岡京の工場では機械ができる工程です。多くの人に楽しんでいただくためには人力だけでは叶わないこともたくさんあります。これは、どちらが良いというのではなくこれらが共存してはじめて全体がうまくいっているのだと思います。

技術だけでなく、内面を磨くことが最も重要

私が日常的に使っているパソコンも、電気を入れれば文章作成やインターネットなど様々なソフトウェアが使えますが、ソフトウェアが何も入ってなくて電気を切ったらただの塊です。重いだけで何の役にも立ちません。人間の営みというのはハードウェアとソフトウェアの関係と似ているのではないでしょうか。私たちは、ついハードのスペックやデザインに目が行ってしまいがちです。例えれば、おしゃれな服を着たいとか良い車に乗りたい、ということです。しかし、少し考えると設備や装置に大変高度なものを持ちながら、それらを運用する能力が低いと恐ろしいことが数多く起こることを理解できると思います。例えば、高性能の自動車に乗りながら交通ルールを守らないために事故が起こるとか、物を切ったりするのに不可欠で便利な刃物は、使い方を間違えると悲惨な事件を引き起こします。大切なことはソフト面の能力

を磨き続けることだと思います。ハードがどのような状況でもソフト能力があれば高いパフォーマンスを残すことができます。ハード環境は結果に過ぎず、私たちが意識すべきなのは知識や経験などのソフト力だと思います。このソフト力を継承してきたのが京都という千年の都ではないでしょうか。

【平成二十一年三月二十五日「香りに学ぶ京都学」より】

畑 正高(ハタ マサタカ)

1954年、京都府生まれ。

1976年、同志社大学卒業後、松栄堂に入社。1998年、代表取締役社長に就任し、12代目当主となり、現在に至る。

2004年、ボストン日本協会よりセーヤー賞を受賞。

現在、同志社女子大学非常勤講師を務める。

著書に『香三才』(東京書籍)、『香清話』(淡交社)がある。

株式会社 松栄堂(ショウエイドウ)

1705 年京都に創業して以来、今日まで香づくり一筋に専念。宗教用の薫香やお線香をはじめ、茶の湯の席で用いる香木や練香、お座敷用のお香や手軽なインセンス、匂い袋など「香百般」として多方面に香りを提供している京都でも屈指の香の老舗。伝統的な香りを守りながら、新しい現代的な香りを提案している。
京都市中京区烏丸通二条上ル東側
電話：075-212-5590
FAX：075-212-5595
URL：http://www.shoyeido.co.jp

三　祇園辻利

お茶に親しんでもらうため時流を読み、伝統を守りつつ、新たな商品を生み出す

三好　正晃

上から二番目より「煎茶〝八坂〟」「茶畑」「抹茶パフェ」

茶の歴史と種類

茶の歴史

中国の唐の時代、七六〇年頃に陸羽《りくう》が『茶経』という書物を書きました。これは茶のバイブルです。茶の育て方、飲み方などが書かれているそうです。平安時代になると、最澄、空海が唐から茶の種を持ちかえります。茶の育て方、飲み方などは唐で学んだそうですが、日本人向けの茶のバイブルはこの時代にはありませんでした。当時、中国では団茶（餅茶）と呼ばれていました。団茶とは縄でつながれた団子のようなものです。茶を摘んで、湯がいて丸め、固めていたのです。旅をするときに、ドーナツのような形に丸めて縄で腰に縛って持って行ったそうです。当時は喫茶というより、今でいうサプリメントのように腹下し用の薬として持ち歩いたそうです。団茶をかじって湯を飲んだり、刃物で削って湯の中に入れて飲んだりしていたと伝えられています。

日本に本格的に茶が伝わるのは、一一九一年。栄西が宋から茶を持ち帰り、茶を飲む習慣を広めました。また、明恵が栄西から分けてもらった茶種を京都の栂尾《とがのお》に植え始めました。一般的には、最澄や空海が茶の種を持って帰ってきたことが茶の始まりといわれていますが、実際に茶と禅の教えを本格的に日本に広めたのは栄西であるといわれています。

私の店は祇園にありますが、店の少し南に建仁寺という寺があります。これは茶祖である栄西が建てた日本最古の禅寺です。私たちはこの建仁寺によくお参りをして、日頃の商売の感謝をささげています。

栄西は『喫茶養生記』という茶のバイブルを書きました。これによって、茶が世間から注目を浴びるようになるわけです。もっとも、この時代は庶民に普及するには至っておらず、お公家さんなど上流階級の人々しか飲んでいなかったそうです。この時代の茶は碾茶《てんちゃ》、いわゆる抹茶であったといわれています。現在のように急須に入れて飲むものでもなく、団茶のように薬として持ち歩くものでもなかったようです。茶の葉を粉にしてお湯で溶かすという飲み方ですね。

歴史的には団茶から抹茶、抹茶から現在の煎茶やほうじ茶など急須で淹れて飲む茶に変化していきます。

宇治茶

江戸時代の初期になると宇治茶の名前が登場します。この頃、山城国宇治田原郷湯屋谷に永谷宗円という人がいました。今でいう煎茶、玉露、ほうじ茶など急須で出す茶の葉を作りだした人で、宗円が生み出した茶の製法が宇治茶製法です。

昔は宇治の茶商がブレンドして宇治茶と称すれば、宇治茶として通用していました。しかし、最近では産地偽装の問題があり、茶業界でもしっかりした対策を取らなければならなくなり、宇治茶とは何かを定義しようという話になりました。

京都府内でできる茶は宇治茶と呼んでよいとなっています。歴史的には、近江(滋賀県)、伊勢(三重県)、大和(奈良県)、それに京都を含むこの四つの地域でできた茶を宇治茶としていたので、この三県で作られた茶葉を入れてもいいのですが、ただ、京都府内産の茶の葉が中身の五十一%以上を占めていることが条件です。さらに、製品を袋詰めして最終的に加工する場所が京都府内であることも必要条件です。私の店で販売しているものは、全て宇治茶です。

ただ、茶には各産地の特性があるので、各地域の茶の良いところをブレンドして、値段もできるだけ安くお客さんに提供するということが、本来のお茶屋の務めだと思います。しかし、現在、産地について厳しい風潮がありますので、私の店が取り扱う茶の産地は、先ほども言った四つの地域に限定せざるを得ません。私たちにとっては非常に歯がゆい話ですが、そのことをご理解いただきたいと思います。

紅茶と烏龍茶

風味の違いなどから日本茶や中国茶、紅茶などは別の植物の葉であると誤解されることもありますが、種の違いを除いて、これらの茶は分類学上全て同じツバキ目ツバキ科ツバキ属に分類される常緑樹です。

では何が違うのでしょうか。烏龍茶と紅茶を先に説明すると、烏龍茶は半発酵茶で、紅茶は発酵茶です。摘んだ茶の葉をしばらく放置しておくと、茶の葉が熱を帯びて酸化していきます。そして、半分ほど発酵した時点で煎って発酵を止めます。こうして烏龍茶ができます。紅茶はずっと放置しておき、完全に発酵してから煎って発酵を止めます。葉を放置しておくことは体に悪いわけではなく、紅茶はパンに合うし、烏龍茶は中華料理に合います。同じ茶の木からでも精製方法が違うと別の茶になるということをまず知っておいてください。

茶の分類

抹茶、玉露、かぶせ茶(煎茶と玉露を合わせたようなもの)を一つの括りとして説明します。抹茶を作る材料で、石臼で挽く前の葉を碾茶といいます。抹茶、玉露、かぶせ茶のどこが違うかというと、昔は同じ木でしたが、今は日本では品種改良が進んで、それぞれに合う茶の品種ができています。しかし、茶の木は一つです。ツバキ科の亜熱帯植物で常緑樹です。亜熱帯植物なので、暖かい地方で良く育ちます。日本では新潟県の村上市が、茶の木が茶園として成立する最北端であろうといわれています。しかし、最近見たのですが、仙台でもお茶屋さんが茶園を作って茶を栽培していましたので、茶の栽培の最北端はもう少し北の方かなと思います。

抹茶、玉露、かぶせ茶は、茶の木の上に光をあてないように覆いをします。これを覆下園《おおいしたえん》といいます。一方、光を当てて育てるのが、煎茶、川柳、ほうじ茶、玄米茶、京番茶、玉緑茶です。なにも覆いをしていない茶園を露地園《ろじえん》といいます。このように茶の育て方が違うことを知っておいてください。

茶に含まれるテアニンというアミノ酸の一種があります。アミノ酸は旨味の成分で、人間の体にはなくてはならない成分です。テアニンは茶の木の根から上がってくるのですが、葉に流れて光にあたるとカテキンに変わります。カテキンは渋みの成分なので、カテキンのたくさん入った茶は渋い茶です。体には良いのですが、甘い茶の方が美味しいと感じるのではないかと思います。

この理屈を昔の人は知っていたようです。覆下園と露地園の違いは、露地園の場合は太陽の光が茶の葉に直接あたり、葉の中のテアニンがカテキンに変わりやすいということです。そして、抹茶、玉露、かぶせ茶は、よしずなどの覆いをかけて光を当てないようにして、葉の中のテアニンをそのまま残すようにしています。これらの茶は手間暇がかかっているため番茶などよりも高価な茶です。このように、光を当てたり当てなかったりすることで、玉露や煎茶の区別が生じるのです。

もう一つ区別の仕方があります。この区別では碾茶、抹茶が他の茶と区別されます。玉露などの茶は宇治茶製法で作られます。茶の葉の収穫期が来ると摘み、摘んですぐに蒸します。茶は摘むとすぐに酸化を始めるため、すぐに蒸し器にかけて酸化を止めます。そして、蒸したものを揉みます。細かい手順はありますが、蒸して揉むと、茶の葉が丸まっていつも飲んでいる茶のイメージに近づきます。揉み終われば、今度は乾燥させて水気を抜きます。そうすると、煎茶や玉露ができます。玄米茶はそれに玄米が混ぜてあります。

一方、碾茶、抹茶は、摘んで蒸すまでは他の茶と同じですが、揉みません。蒸し器にかけて葉の開いたまま乾かします。その後、乾いた葉の葉脈を取る作業に入ります。葉肉の部分だけが残りますが、それが碾茶になっていきます。その碾茶を石臼で挽けば抹茶の粉になります。

飲む以外のお茶の利用法

日本では四月の中旬から新茶がとれますが、京都は鹿児島などに比べると寒いので、宇治茶の新茶がとれるのは遅いです。早くてもゴールデンウィーク前です。少し寒い日が続くとゴールデンウィーク明けくらいになります。抹茶は覆いをしているので、日が当らず発育が遅くなります。そのため新茶のとれる時期も遅くなり、だいたい五月下旬頃から六月頃に収穫します。

新茶の芽は柔らかいので、煎茶を飲んだ後の茶殻を取って、一度搾って醤油と鰹節を乗せておひたしにして食べてみてください。非常に美味しくて、体にも良いものです。もう一つの食べ方は、天日で干して乾燥させた茶殻をミキサーで細かく砕いて、てんぷらの衣の中に入れたり焼き飯に入れたりして食べる方法です。芽の柔らかい新茶の時期が一番美味しいので一度試してみてください。

なぜ茶を食べてくださいと言ったかというと、茶にはカロリーがなく、身体に良い成分が多く含まれているからです。アミノ酸やビタミンAなどの働きについては、あえて話しませんが、ポイントは、茶を飲んだ後の茶殻にたくさんの栄養素が残っていることです。茶葉にはカテキン、フラボノ、ミネラル、ビタミンC、ビタミンB、サポニンなどが含まれており、茶の葉から水に溶けて出てきます。これらは湯のみにそそいで飲めば体に入ってきます。ただ、水に溶けないで茶殻にとどまっている成分があります。代表的なものとしてはベータカロチン(ビタミンA)がありますが、これは、肌に水分を与えて消化器官を丈夫にする成分です。それからビタミンEもあります。これは糖尿病などに効くそうです。一つの例を挙げますと、抹茶をよく飲む人は、血糖値が朝の食前で一五〇㎎/㎗くらいあり食事をすると二〇〇㎎/㎗を越えるのに、ヘモグロビンA1Cの値は上がらず、六・五%から六・七%くらいに抑えられているという話を聞きました。糖尿病の方はご存知かと思いますが、通常は血糖値に比例してヘモグロビンの値も上がっていくものです。抹茶にはビタミンEがたくさん含まれていることから、このようなことが起こったのだと考えられます。抹茶にはクロロフィルも含まれています。抹茶は茶の葉を石臼で挽いて粉を溶かして飲むものなので、茶の葉を食べるのと同じことになります。したがって、今言ったような成分を直接摂取するには、食べていただくほうが良いと思います。

茶に多く含まれているカテキンには抗菌作用があるので、様々な消毒剤として使うこともできます。ある病院の看護師さんが著書の中で書いておられましたが、茶の葉をしみこませたガーゼで、寝たきりのお年寄りの床ずれを拭いてあげたり、アトピー性皮膚炎や水虫を消毒したりすることがあるそうです。茶殻を集めて乾燥させた後、ガーゼに包んで風呂に入れた茶風呂も良いとか……。茶の葉は自然のものですから副作用はほとんどありません。

辻利について

辻利の歴史と商い

創業は万延元(一八六〇)年で、兄・辻利右衛門と弟・徳次郎の兄弟が、辻利右衛門の名から「辻利」と命名し、京都府山城国宇治村に宇治茶の製造と販売を開業しました。その後、徳次郎が三好家に養子に出たため、宇治の辻利と祇園辻利の二つに分かれました。

三代目の三好徳三郎は海外を視野に入れた商売を行い、明治三十二(一八九九)年に台湾へと渡り、辻利を開店します。獨協大学の波形昭一先生によると、三代目は政治にも色々関わっていたようで、その頃の経済人や政治家との交流が見て取れるとおっしゃっていました。

終戦と同時に、台湾から帰国し四代目・正雄が祇園に店を開きました。当初祇園より賑やかだった河原町付近への出店も考えたらしいのですが、祇園という地に文化や伝統を感じて祇園にしたと言っていました。そして、父・通弘が五代目を継ぎ、現在、私で六代目になります。

辻利は創業当時から「茶」の製造・販売一筋です。子どもの時には宇治に自分の店の茶畑があり、よくそこで遊んだものです。

茶は五月から六月頃に新茶が出ます。うちでは、この新茶は縁起物として、ブレンドなどせずに「新茶」として売り出します。しかし、昨年の同じ木から取った茶葉だからといって同じ味が出るとは限りません。辻利の定番商品には辻利の味がありますので、自分の店の味に色々なところで取れた茶をブレンドして、整える作業が必要になってきます。また、お得意さんの料亭などには、そのお店の料理に合わせたブレンドをしています。そのため、毎年、試行錯誤しながらお店ごとのオリジナルブレンドの茶に調整しています。

父の背から学び、父の歩んだ道を辿る

私は六代目を継ぐ前にコンピューターのカスタムエンジニアをしておりました。父もだんだん年を取ってきたので、十五年ほど前に家業にもどり、社長をついで七、八年になります。まだ、父が存命なので、茶の味筋や経営のヒントをもらいながら、父の歩んだ道を辿っているような状況です。

その父から家訓として「お客様第一」という言葉を伝えられました。お客様第一とはかなり広い意味があります。茶の味はもとより、安全かどうかという質、販売時の接客の質、また、商品には時代に求められているものを提供できているかと反省し、お客様の希望を敏感に感じとって商品開発をしないといけません。たとえば、父が作った「茶寮都路里」もその一つだと思います。

一九七〇年代に、それまで日常的に飲んでいた茶がコーヒーに取って代わられていきました。茶に親しんでもらうために店舗の二階に喫茶店を開業したのですが、「茶のみ道場」として色々な茶を楽しめる体験型のお店でした。今ではそんな茶の楽しみ方をしてくれるお客さんも多いですが、その頃はあまり受けませんでした。そこで、スイーツの開発に乗り出しました。抹茶を他のもの、カステラやアイスに使うというのはそれまで誰もやったことがありませんでした。しかし、それを時代の流れを読みながらお客さんに提案したところ、口コミで段々と広がっていき、今では都路里以外でもあちこちで抹茶スイーツが作られています。

もちろん初めは、邪道だと言われるかもしれない恐れはあったようですが、それでも時代のニーズをとらえれば、伝統を守りつつ新たな商品を生み出すことができるんだと父の背中から学びました。

茶の味を理解し、いただき方を知る

社長として大切なことが二つあります。一つは茶の味、特に自分の店やお得意さんの店の味を覚えることです。茶の味を舌で覚え、毎年安定した味をお客様に提供できることが大切です。そのためには美味しい茶を見分ける目を持たないといけません。そこで、その方法をお教えしましょう。まず、色を見ます。濃い緑色をしているかどうかを見てください。赤茶色や薄い黄緑色では良くないです。さらに光沢があるかどうかもポイントです。光っている茶の葉は旨味がのって香りが良いです。さらに、茶の葉をすくいあげて重さを見てください。味のないものは軽いです。ずっしりと重いものは間違いなく美味しいです。

もう一つは、失礼のない茶のいただき方を身につけることです。別に茶のお師匠になるわけではありりません。ただ、どうしても茶の席とは縁があるので、茶のいただき方はしっかり身につける必要があります。
これらを、社長として大切にしていかねばならないと日々、自身に言い聞かせております。

【平成二十四年三月七日「お茶のはなし」より】

三好 正晃(ミヨシ マサアキ)

1961年、石川県生まれ。

1998年、専務取締役として祇園辻利に入社。2005年、6代目代表取締役社長に就任し、現在に至る。

株式会社 祇園辻利(ギオンツジリ)

1860 年の創業以来、宇治茶一筋に南山城村など京都府南部の山里にて栽培されたものから精選、吟味して販売している。1978 年にオープンの「茶寮都路里」では、祇園本店、東京汐留店、大丸東京店、京都伊勢丹店等にて、祇園辻利のお茶やスイーツが楽しめる。
京都市東山区祇園町南側 573-3
電話：075-525-1122
FAX：075-525-1223
URL：http://www.giontsujiri.co.jp/

四　祇をん 幾岡屋

伝統を守る〝祇園〟と時代とともに変わっていく〝祇園〟を見つめて

酒井 小次郎

上から二番目「舞妓の花かんざし、花名刺」

今はない小間物屋という仕事

幾岡屋の由来

祇園の一角で小間物屋を営んでいます。現在、電話帳には小間物屋という業種はないので、装飾品とか服飾品、和装小物という分類に掲載されていますが、取り扱っているものは、舞妓さんや芸妓さんが使うかんざし等の頭装飾品や身の回りの小物全般になります。

創業は文久二(一八六二)年、幕末です。それまで油屋でしたが小間物屋に変えたようです。幾岡屋となったのは三代目・幾岡れんの時です。三代目は芸妓で、明治維新の勤王の志士・桂小五郎の愛妾・幾松さんと交友が深く、明治元(一八六八)年に名前から一文字をもらって「幾岡屋」とし、国民皆姓の際にそのまま名字としました。その後、三代目は養子をもらったのですが若くして亡くなり、番頭として働いていた父が幾岡屋を継ぐことになりました。ちょうど戦前戦後の未曾有の時期でしたが、父が店を守り、私が五代目として今に至っています。

仕事について

小間物屋とは何をしているのか。舞妓さんや芸妓さんの装飾品などを取り扱っているといっても、それが一体どんなものを指すのかをご存知ない方も多いでしょう。

分かりやすい例でいえば、新しく舞妓がデビューする時に呉服やおこぼなどとは別に必要となる八つの道具があるのですが、それを揃えます。道具とは「赤い紋入りの名刺」「赤いちりめんに白で名前を刺繍したかご」「舞扇入れ二本」「手ぬぐい入れ」「足袋入れ」「鏡」「名刺入れ」「デビューの日につける純銀のビラビラかんざし」です。全て、デビューする舞妓さんの名前が入っている特注品です。それぞれの道具を作る職人に一つずつ発注して準備します。

特に名刺に関しては、舞妓さんたちの持つ「花名刺」を作れる職人さんとのルートがうちしかないので、全国の舞妓さんや芸妓さんの名刺はうちが取り扱わせていただいています。このような小物を取り扱っているのが私たち小間物屋です。

職人との付き合い

置屋《おきや》さんやお茶屋さん、舞妓さんたちから発注を受けると職人へ連絡を入れて準備をします。しきたり通りに作らないといけないものから、特注のものまで色々ありますので、それを職人へ伝えて作ってもらうのです。

また、私たちが独自に「こんなかんざし可愛いんじゃないの」と考えて発注する場合もあります。たとえば、妻が考えたものに胡蝶蘭のかんざしや雪の輪のかんざしといった洋風なデザインのものがあります。祇園で使われることはありませんが、地方の温泉地のお茶屋さんなど、目新しいものを求められるところには好評です。

ただ、最近少し残念なのが昔気質の職人さんが減ってきたことです。昔の職人さんは自分の気が済むまで徹底的に、例えば夜を徹したとしても完璧に仕上げて納品してくれました。しかし、近頃は納期を優先してお願いすると、中途半端なものを上げてきたり、「特注だから完璧なものを」とお願いすると営業時間のなかでしか作らないので時間だけが無駄にかかったりということがあります。お金や時間に対して不満を持つ気持ちも確かにありますが、それよりも心意気という点ですごく残念に思うのです。

時代の流れと祇園

今では、祇園界隈に舞妓さん、芸妓さん合わせても百人しかいませんが、私の小さい頃には八百人もの舞妓さんや芸妓さんがいました。五・十日《ごとび》の集金などは父一人では店を回りきれないので、私もよく手伝っておりました。私の子どもの頃は今のように学校が厳しくなかったので、五・十日の前日には先生から「酒井君は明日お休みだね」と確認されるくらいでした。

〝かきだし〟と呼ばれる請求書を片手にお茶屋に行っては「幾岡屋です！　かきだし持ってきました!!」と玄関で声をかけて集金するんです。夜のお商売なので朝に行くのは御法度で、昼から四時くらいの間に何十軒ものお茶屋を回りました。家の手伝いではありましたが、お茶屋に行くと日頃食べられないチョコレートなどの上等なお菓子がもらえることもしばしばあったので、イヤイヤやっていた記憶はないですね。

五代目を継いだのは戦後でしたが、その頃は高度成長期に入っていて世の中も大きく変わろうとしていました。祇園のまちも建物やしきたりの一部などが変化していく様をこの目で見てきましたが、どんなに周りが変わっても重要な部分はまったく変わらない花街《かがい》の魅力をお伝えしたいと思います。

お茶屋と花街の成り立ち

京の五花街

京都には「祇園甲部《こうぶ》」「先斗町《ぽんとちょう》」「宮川町」「祇園東《ひがし》」および「上七軒《かみしちけん》」の五つの花街があります。最も有名なのは八坂神社の門前に広がる「祇園甲部」でしょう。鴨川の西側の四条から三条までの細長い地域に広がるのが「先斗町」です。鴨川の東側の四条から南へ百メートルほど行ったところから松原通まで広がるのが「宮川町」です。「祇園東」は東大路を上がって祇園会館の裏の狭い一角です。そして、「上七軒」は北野神社の東側の百メートルほど行ったところにあります。

それぞれの花街では毎年踊りの会が上演されており、皆さんも「都をどり」「鴨川をどり」「京おどり」「祇園をどり」「北野をどり」などお聞きになったことがあると思います。祖母から聞いた話なのですが明治時代に京都で博覧会が開かれた際、そこでの余興として上演されたのが始まりだそうです。これらの踊りを担うのが舞妓・芸妓です。舞妓・芸妓は置屋さん、昔は子方屋と呼んでいましたが、いわゆるプロダクションに属しています。

五花街の成立した経緯

「舞妓さんといえば祇園」というくらい有名ですから、まずは「祇園」についてお話ししたいと思います。「祇園」は、清水寺や八坂神社にお参りした人々が一服した店、今でいう喫茶店が始まりです。参拝者はそれらの店でお茶や団子を食べていたのですが、やがて店で酒も出すようになりました。酒が出ると余興で踊りを披露しろという要望が出てきて、踊りが披露されるようになりました。今でいう喫茶店のウェイトレスが舞妓の始まりです。八坂神社の南門の前に中村楼というのがありますが、この中村楼で酒と味噌田楽を出して、店の女性に芸を教えたのが、今日の舞妓になったのです。そして、明治時代に入ると祇園は「祇園甲部」と「祇園乙部《おつぶ》」の二つに分かれ、戦後になって「祇園乙部」は「祇園東」と名称を改めました。

また、現在の河原町周辺の河原に園庭を作って旅館や料理屋を始めたのが「先斗町」の始まりです。

「宮川町」は、安土桃山時代に遡ります。当時、四条の河原から松原の河原までに七軒の芝居小屋があったそうです。大和大路通の松原の橋の付近を豊臣秀吉が通ることを聞きつけた出雲阿国が、橋のたもとに秀吉がやってくるのを見計らって踊りを披露したことが歌舞伎の起源といわれています。昔は歌舞伎役者のステータスは低く、祇園に出入りできず宮川町に出入りしていました。その結果、宮川町には成駒屋とか松嶋屋ができたのです。宮川町は歌舞伎役者によって栄えた花街です。

「上七軒」は、室町幕府の時に北野天満宮が一部焼失したので、それを修復した残りの材木で東門前の松原に七軒の茶屋を建て、参詣諸人の休憩所としたことが始まりです。その後、豊臣秀吉が北野松原で大茶会を開いた時にこの茶屋から団子を献上されたことを喜んで特権を与えたことが現在のお茶屋の原型とされています。また、この茶屋では北野天満宮の元巫女だった女性が成人してお茶をたてて振る舞ったことが上七軒の舞妓の始まりとされています。

お茶屋は、もともと「席貸し」といいました。席貸しというのは場所を提供することです。したがって、お茶屋で出す料理は全て周辺の料理屋さんから取り寄せています。

忠臣蔵で有名な大石内蔵助が遊んだという一力茶屋《いちりきぢゃや》をご存知でしょうか。妻のりくにあてた手紙や仏壇が残っています。

お茶屋には格があって、同じ遊ぶにしてもお座敷でのサービスに違いがありますが、舞妓・芸妓の花代は原則として決まっています。

舞妓になるためのプロセス

デビューするまで

置屋（子方屋）がプロダクションであり、舞妓は一人前になるまでそこに住み込んで修業します。原則、五年間です。昔は小学校卒業と同時に舞妓になったので十三歳です。私の同級生で、小学校にもほとんど行かず、普段は歌舞練場に通って小学六年生で舞妓になった子もいました。現在では、中学三年生までは義務教育なので通わなくてはなりませんが、どうしても舞妓になりたい子は、春休みなどに置屋に住み込んで芸事を習います。そのような子は中学卒業後すぐに舞妓としてデビューできます。中学校を卒業してから来た子は、踊りなどを最初から学ばなくてはなりません。その他にもお茶、お花の稽古、三味線、横笛、小鼓、太鼓などを習得する必要があります。出身地は北海道から沖縄まで様々なので言葉も問題となります。「おおきに」「〇〇どすえ」など京都の人でも使わない独特の花言葉を覚えなくてはなりません。そのうえで、朝一番に起きて、おねえさん方を起こして、住み込み先の家事手伝いをします。精神的にも肉体的にもかなりきつい毎日です。その生活に耐えて、祇園小歌と京の四季という踊りを完璧に覚えて、踊りの試験に合格してはじめて一人前です。こうして踊りの試験に合格し、お師匠さんの許可が出てはじめて舞妓デビューとなります。見習いとして、半だらりという装いでおねえさんについてお座敷に上がるのです。途中でやめる子もいるので、ここまでくる子はかなり根性のある子だと思います。

一人前の舞妓から芸妓へ

晴れて舞妓になって五年間頑張ることになります。置屋で生活させてもらった御礼をかねて、半年間は無料で働くお礼奉公をします。舞妓としてデビューするまでは置屋に住み込んで三食食べさせてもらうので、そのお礼です。舞妓はデビューしてから二年間は置屋からのお小遣いをもらい、お客さんからの謝礼（チップ）は置屋に届けます。置屋の立場からいうと、舞妓として一人前になるまで最低五年間は一日三食食べさせているわけです。衣装も全部置屋で貸しています。踊りなどの稽古代も置屋が負担します。最近は舞妓になりたい子が増えているので、希望者にはまず履歴書を送ってもらって組合で書類選考をします。それに通過した場合に保護者と本人に来てもらって面接をし、そこで必ず舞妓・芸妓になるという誓約書を書いてもらいます。誓約書を書いてもらうのは、一人の舞妓を育てるのに置屋は相当な負担をするためです。

舞妓になるまで五年間の修業期間、舞妓は未成年なので、その勤務時間は午後六時から午前〇時までと決まっています。この期間を経て芸妓として独立すると、置屋を出てマンションなどに住みます。お客さんがある芸妓を呼びたいと思ったときはお茶屋にその旨を伝えます。するとお茶屋が店借《たなが》りというところに電話をします。店借りには芸妓が登録してあり、芸妓の都合が良ければ、お茶屋に了解の返事を出し、お茶屋からお客さんにその旨の返事をするというシステムです。店借りは独立した芸妓の場合の話です。舞妓の場合は置屋に住んでいるので、お茶屋から置屋に連絡があって置屋が都合の良し悪しの返事をします。

舞妓の衣装としきたり

舞妓は最初の二年間は「割れしのぶ」という髪型をします。これは江戸時代から続く十三歳から十四歳の少女の髪型です。三年目になると「おふく」という髪型に変わります。その他に、儀式の時の髪型が色々とあります。「割れしのぶ」の時のかんざしは純銀製で一本六万五千円（平成二十一年当時）します。サンゴのかんざしは本物だと二十五万円から四十万円しますが、これをするのは売れっ子など特別な舞妓だけで、一般に用いられるのはガラス製です。お客さんとご飯を食べに行く程度の時は、小さなかんざしを挿し、半だらりではなく普通の着物を着ていきます。

私は八十歳を過ぎておりますが、舞妓や芸妓は私のことを必ず「おとうさん」と呼びます。見た目は年をとっていますが、「おじいさん」とは呼びません。五十歳から六十歳くらいの知らない男性のことは「おにいさん」と呼びます。自分の店のおかみさんは「おかあさん」、大おかみさんは「大きいおかあさん」と呼びます。

ふすまの開け方一つについても祇園の作法があり、洋服は休みの日しか着ることができないという環境で頑張っている子たちには、つくづく感心させられます。

伝統を守りつつ変化を

お茶屋が一見《いちげん》さんお断りをしていた理由は、女性の世界なので安全上の問題もありますし、また遊ぶ費用もかかるので、それなりの信用のある人でないといけなかったためです。十五年ほど前までは、これを守っている店が多かったのですが、京都市が観光に力を入れ出したのと、インターネットの発達もあり、一般の人にも門戸を広げようということになりました。六月中旬に京都会館で、京都五花街合同伝統芸能特別公演をやっています。また、弥栄会館に「おおきに財団」というのがあって、年会費三万円を支払うと、一年間の花街の各イベントに格安で参加できます。この中に舞妓・芸妓が参加する宴会もあります。

現在、四条通の北側はビルが立ち並んでいますが、南側はビルがありません。もともと建仁寺の所有地だったのを、明治の初めに、祇園の組合の中心人物だった一力亭の当主が建仁寺から買い上げたからです。現在では花見小路の一帯は祇園の祇園甲部歌舞会という組合の土地になっています。現在、あの辺りには料理屋さんなどがたくさん建っていますが、土地は組合から借りています。ビルの建築は禁止されていて、建物も外観は和風にするという規制があります。

そうやって、今の時代に合わせながら日本の伝統を守っていることも、少し、頭の片隅に残してもらえれば嬉しいです。

【平成二十一年二月四日「かんざしを通して見た祇園の生活」より】

酒井 小次郎（サカイ コジロウ）

1925 年、京都府生まれ。
1963 年、幾岡屋 5 代目当主となる。

株式会社 幾岡屋（イクオカヤ）

1862 年、かんざし、櫛、帯締め、帯揚げ、扇、お座敷かご、根付、花名刺など芸舞妓さんの小間物すべてを揃えた京小物店として創業。明治初年に桂小五郎の愛妾幾松から 1 字もらって「幾岡屋」となる。3 代目当主は明治時代の美妓 7 人組のひとり、幾岡れん。現在では、京都五花街のほか、会津若松、新橋・向島・浅草、芸妓のいる温泉街…と日本全国で芸舞妓用の装飾品を販売。同時に七五三・成人式の髪飾り、鏡、香、紅、ぽち袋、夏団扇、かご袋物、風呂敷などの一般向けの商品も取り扱っている。
京都市東山区祇園町南側 577-2
電話・FAX：075-561-8087
URL：http://www.ikuokaya.com/

五　嵐山　熊彦

食べてもらう相手の気持ちをくんで料理をする。板前割烹はコミュニケーションの賜物

栗栖　基

上から二番目より「春の前菜」「松花堂弁当」

文化と歴史がつまった〃料理〃

京都の郷土料理・京料理

京料理は世界的にもてはやされていますが、もともとは京都の郷土料理です。日本は北から南へ面積が三万七千平方キロメートルもある細長い島であり、周りを海に囲まれています。そのため、北から南まで様々な郷土性や慣習があります。郷土料理の定義は、住民が住んでいる三里（十二キロメートル）四方の周辺でとれた食材を使って料理をしたもの、といわれています。

京都には平安遷都以来一二〇〇年の歴史があり、非常に豊かな文化がありますが、地理的要因に着目すると、京都は周りを山に囲まれた盆地なので、郷土食材として昔は生鮮とよばれる海のものには縁がなく、魚といえば塩干物か川魚しかありません。しかし、鴨川・桂川という大きな川が市内を流れるからこそできる肥沃な土地があり、その肥沃な土地から京野菜が収穫できました。京都の郷土料理は御所を中心として開けた場所でとれた様々な食産物を、春夏秋冬、旬を大事にして作り上げたものです。そこに京都ならではの独特の文化が加わります。

京料理の元祖・大饗料理

平安時代には、庶民は田畑で取れたものを煮たり焼いたりして食べたのでしょうが、宮中ではすでに大饗《だいきょう》料理という料理がありました。これはもともと中国の王朝で食されていたものを真似て、大和朝廷の時代から平安時代にかけてでき上がった料理です。日本の料理の文献として形に残っているもののなかでは、最古のものではないでしょうか。元々、神様と人がともに食事を囲むという食事の形態でした。現在でも神社の神事ではこのような食事の仕方が残っています。

まず、献饌といって神様に食べ物を供えます。そのあと徹饌といって、供えた食べ物を下げます。さらに、直会《なおらい》といって、皆で神様と一緒に食事をする、という流れです。大饗料理はこの形態の延長で、台盤というテーブルのようなものに様々な食材、干物、唐菓子、果物類、魚、肉などを蒸したり焼いたりした食材を並べます。まだ調理をして食べるという時代ではないため、味はついておらず、塩や酢など自分好みの味を付けて食べていたそうです。

いまの日本料理の元祖・本膳料理

鎌倉時代になると仏教が庶民にも広まり、それに伴って寺に伝わっていた精進料理が広まります。精進料理は非常に優れたもので、例えば小麦粉を細かく砕いて粉にして団子のようなものを作るなど、当時の日本になかった中国の料理方法がその中に伝えられていました。これが日本料理の発展につながり、鎌倉時代には、現在の日本料理の原点ともいえる本膳料理が生まれます。これは色々な人が知恵を出し合って生み出されたもので、神仏とともに食事ができるような食儀礼です。本膳料理は非常に時間をかけて食べる料理です。文献を見てみると、午前十時から食事が始まって、次の日の午後二時に終了するというものでした。この料理は儀礼に則った食事で、この時代の文化を反映していました。例えば将軍が来る時は冠木門《かぶきもん》や書院を新たに建立したり、食事をする部屋の設えを変えたり、その当時の茶道、香道、立花（生け花）

など全てを用いてもてなしました。この料理が一昼夜かかる理由は、七五三の膳のほかに十五献《こん》・十七献さらには二十一献に及ぶ膨大な数の献立のためです。そのなかには式三献という杯事《さかずきごと》も含まれます。式三献は、今でいう結婚式の三三九度の原型にあたります。日本の儀礼には必ず杯事が入っています。式三献の次に本膳があって、七膳くらいの食事が出ます。その後、四献から十七献に及ぶ料理が出ます。また献部にはそれぞれに演能が付きます。能は明治時代までは一般庶民は見ることができませんでした。武家の間のみで育まれてきたものです。一献一献の料理の品数は三種類から五種類なので、能を鑑賞する時間がほとんどで、食事は会話をしながらわずかなものを箸でつまむ程度でした。将軍やそのお伴をした身分の高い人々は十七献全てを食べました。その下の身分の人々は七献くらい食べていたでしょうか。一番身分の低い下人といわれた人々へもお膳は出ました。文献によれば、本膳料理で一度に食事をした人の数は四百人から五百人だったそうです。「同じ釜の飯を食う」とよくいいますが、この料理からいえることは、身分によって食べる種類に差があったものの、何か一つは皆が同じものを食べることで、集団意識を高める役割を担っていたということです。

食事作法の元・懐石料理の発祥

さらに時代は進んで、戦国時代になります。食事は時代の風潮によっても変化していきますが、この時代では一昼夜かけて食事をする余裕はありませんでした。そこで茶道の発展に伴った懐石料理が生まれてきます。これは禅の教えを体現したもので、現在の食事の儀礼のもとになっているものです。禅僧が戒律のもとに食事をするように、禅の精神的な部分を取り入れ、本膳料理のようなきらびやかな部分を全て除き、必要なものだけを残した料理です。ただ、食に対する美意識は備えていて、器との取り合わせや空間における料理の在り方をつきつめて作られています。茶道における懐石料理は、珠光《じゅこう》・紹鷗《じょうおう》・利休という茶人たちの努力によって、茶会から単なる遊興の要素を取り除いたものです。当時の懐石料理は、当初は一汁三菜で、ご飯、汁、向付というなますのようなもの、煮物椀などのお椀物、焼き物でした。茶懐石なので、主目的は濃茶を飲むことです。濃い茶で客が気分を害しないように、茶を飲む前に簡単な料理を出したのが茶懐石の始まりです。現在ではきらびやかで品数も非常に多く値段も高くなっているので、かつての茶懐石の精神性は受け継がれていないようにも思いますが……。

料理屋が生まれた江戸時代

さて、私たち料理屋の原点になるのが江戸時代です。それまでは料理屋というものはありませんでした。神社・仏閣の門前で栄えた茶店とか花街のようなものが、今の料理屋の前身です。京都では文化・文政の時代、一八〇三年から一八四〇年くらいの間に、高瀬川筋の三条に「生州《いけす》」という料理屋が生まれました。高瀬川にいけすを作って魚を泳がせておき、泳がされた鱸《すずき》、鯉、鮒や京野菜を使って、料理だけを主として売る店が生まれたのです。当時、三条の高瀬川沿いに七軒から八軒はあったそうです。そのうち今でも現存しているのは「美濃吉《みのきち》」さん一軒のみです。「生州」という店には面白いことが書かれています。「琴三弦の音を禁じ、婦人の来集を嫌う」とあります。音楽禁止で、女性は来てもらうと困るということです。この理由を歴史学者の先生に聞くと、おそらく匂いの問題だといわれました。女性の髪の匂いなどを避けて、料理を純粋に味わってほしいという当時の料理人の気概が感じられます。また京都に三百年近い歴史を持つ料理屋があります。南禅寺近くの「瓢亭《ひょうてい》」さんです。この店は茶店が起源で、元は東海道五十三次の終着点である三条大橋の入り口にありました。当初は団子などを売っていたのが、うどんなどの軽食を出すようになり、現在では日本を代表する料理屋になりました。

明治以降の料理の変遷

そして、明治時代を迎えますが、明治維新というのは日本料理屋にとっては少し嫌な時期だったのではないかと思います。西洋と交易するためには、それまであった肉食禁止令を解いて、西洋人をもてなす必要が出てきます。彼らをもてなすためには、西洋風の料理を作らざるを得ず、肉を多用することになります。こうして西洋料理が幅を利かす時代が始まりました。

大正時代になると、逆に日本古来の文化を見直そうという風潮が出てきます。大正の終わりから昭和の初めにかけてこの風潮が最も盛り上がります。

この時期に私の祖父の店「たん熊北店」が誕生します。明治の終わりに鉄道の山陽本線が開通したため、京都に瀬戸内の鮮魚が入ってくるようになり、京都の料理人たちはその鮮魚を使った様々な料理方法を生み出しました。料理人であった私の祖父はちょうどその時期に独立する機会に恵まれました。板前割烹というスタイルです。今のようにカウンター席というものがなかった時代には、料理屋は座敷を設えて調度品を揃えなくてはなりませんでした。料理人も客の前に出ることは全くなく、調理の場面を見せることもありませんでした。ところが、その時代の独立志向の強い料理人たちが、カウンター席のようなものを設えて、客の前で調理をするという形態なら簡単に商売ができるのではないかと考えたわけです。

板前割烹が普及すると、料理人は独立しやすくなりました。昭和の時代に入っても、このようなスタイルで日本料理は発展するのですが、第二次世界大戦によってこの流れは止まってしまいます。戦時中の節約の風潮によって、料理を楽しむ余裕がなくなり、日本料理も疲弊します。しかし、戦後から高度成長期になり、料理屋も再び発展するようになりました。

板前割烹「たん熊」の誕生

京都で最初にこのような店を作ったのが、現在の「たん熊北店」と、かつて祇園にあった「浜作」さんです。当時の京都の旦那衆はこれを見て非常に驚いたそうです。その頃の京都の旦那衆は家で食事をしませんでした。夕食を外で食べた後、花街に繰り出し、次の日の朝食も外で食べるという生活だったそうです。したがって、毎日のように様々な料理屋に通っていたので、料理人よりも料理屋に詳しかったそうです。私の祖父はカウンター席に来た旦那衆から他の店の情報を教えてもらったり、料理の話をしたりしました。板前割烹というスタイルはかなり斬新だったようで、すぐに評判が広まって、京都中で流行しました。ただ、お客さんの前で調理をするわけですから、お客さんの注文にすぐに応える気転や技量が必要です。したがって、誰でも簡単にできるスタイルではありません。当時の板前割烹の現場では、掛けあい仕事といって、次々に出てくるお客さんの要望に即座に応えられる技術が重要視されました。例えば十席のカウンター席に五組のお客さんが来ると、それぞれの要望に従って五通りの料理を手早く作っていかなくてはなりません。私の祖父はそれができたので、旦那衆の間では「天才」料理人として評判が広まったようです。現在では、板前割烹の店に行くと、形式的には客の注文に応えるスタイルですが、料理の内容はあらかじめ決まっていて、客が希望した調理方法で調理してくれないこともあります。これは本来の板前割烹のスタイルではありません。料理というのは作る側だけでなくて、食べてもらう人がいてはじめて成り立つ、双方の共同作業です。作り手が損得勘定によって自分勝手に一方通行的な料理をするのは本来の料理の在り方ではありません。料理人は食べてもらう相手の気持ちを考えながら料理をすることが本来の形ではないでしょうか。最近では料理人がアーティストであるべきというようなことをいう人もいますが、自分だけが満足して客に一方的に提供するような料理人は認めたくありません。料理は口に入るものですから、食べる人の体調や好みを考え、その人とコミュニケーションをとりながら作っていくものではないでしょうか。私は、祖父が持っていた、お客さんとの共同作業で料理をつくり上げていくという原点に、もう一度立ち帰りたいと思っています。

京都ならではの季節の料理

盛り付けで表現する四季

懐石料理の先付けはあまり飾らずに盛り付けます。夏の先付けであれば、器と料理だけで涼感を出しています。お客さんのことを考えれば、まず食べやすいということが第一です。飾り付けよりも食べて美味しいということが大切です。

また盆景という、盆のなかに景色を映し描く日本独特の盛り付けのスタイルがあります。盆の奥には大きなもの、たとえば、遠くに見える山などをイメージして料理を配置するとうまく収まります。手前には季節感や色彩感のあるものを配します。つまり、自然の景観に見立てて料理を盛り付けます。

また、秋であれば、お月見や重陽の節句のイメージを表現することもあります。「菊釜《きくがま》」という、かぼすを包丁で細工して菊の花に見立てたものに、鱒の子やいかを使って作る菊花寿司です。季節物の松茸を入れるのも忘れません。このように、日本料理は季節感を視覚的に表現します。

正月の雑煮

お正月に出す雑煮。京都では白味噌を使いますが、白味噌は非常に高価な味噌です。俗に公家味噌とも呼ばれているほどです。高価な理由は米麹をふんだんに使っているためです。昔、米は日本人にとってお金に匹敵するほど大事なものでした。その上に頭芋があって、餅は丸餅です。三種の神器の一つ「八咫《やた》の鏡」にあやかって鏡餅が丸いことから、それを食べ物に見立てて雑煮に取り入れていたのは料理人の知恵です。あと、京人参と大根がありますが、大根は亀甲の形に切ってあります。人参は日の出の形です。非常にめでたい形の盛り付けですが、このように日本料理ではまず目で楽しむということが大切です。

おせち料理

一月一日の元日、三月三日の上巳《じょうし》(桃の節句)、五月五日の端午の節句、七月七日の七夕、九月九日の重陽など一年に何度か節日《せちにち》と呼ばれる日があります。昔、その日は宮廷で節会《せちえ》という宴会が開かれ、おせち料理を食べました。一月一日は節会の中でも特別な日です。元三《がんさん》の節日と呼ばれ、年、月、日の三つを元に戻す、つまり時間をリセットし若返るという意味が込められています。だから料理にも若返りを示唆する食材や縁起ものが使われました。例えば、おせち料理には食材の中に〝のし〟を一つ入れるという決まりがあったので、京都では海老芋を〝のし〟として使っていました。おせち料理の詰め方も色々ありますが、段流しといって一段目、二段目、三段目、四段目それぞれに横一列に詰める方法や乱盛といって四隅から真中へ詰めていくという詰め方があります。おせち料理は日本料理の技術が詰め込まれた料理です。お重の一段目から四段目までを春夏秋冬で分けていて、春は緑、夏は赤、秋は白、冬は黒というように決まった色があります。夏と秋の間に黄色を入れて五色《ごしき》にすることもあります。日本人は五色を見て景色を見ているような感覚になって落ち着くということです。

お花見重

桜の季節には、お花見に持っていくようなお弁当を作ります。花見は日本人にとって大変重要な儀式で、祭の原点といわれています。日本人は昔からハレとケを大切にしていました。ハレの日は特別な日で、普段食べられない贅沢な食材を使って弁当を作り、仕事は一切しないという日でした。普段はケといって日常生活をしていく日です。最近ではこのような区別をほとんどしなくなってしまいました。

懐石料理

私の店では茶懐石の仕事もしています。四百年前に考え出された膳組が現在でも引き継がれています。

全てわびた形です。わびていないものはお膳に脚が付いています。茶室のような八畳より狭いわびた席では、脚の付いているお膳は邪魔になります。飯椀と汁椀と向付の三点をまず出します。それに煮物椀と焼き物椀を付けくわえて、一汁三菜として十分だったのです。濃茶を一服いただくための料理はこれで十分なわけです。現在では色々なものを出して、懐石料理を食べるだけで二時間かかるなど、昔と考え方が変わってきています。

鍋

次は鍋です。京都ではこれだけで三百年以上商売をされている店があります。すっぽんの「大市《だいいち》」さんです。俗に丸鍋《まるなべ》といわれているものです。

私の祖父は一人前で食べられるように小さな丸鍋を考案しました。この鍋のスープは私の店の名物料理となっています。昔は、すっぽんはゲテモノという扱いをされていたため、川千鳥という呼び名で献立に載せられていました。すっぽんは健康食でゼラチン質が非常に多くてスープも絶品です。丸鍋という名前は、すっぽんは捨てるところがなく、丸々食べられることから名付けられたと聞いています。

私の店では冬には丸鍋を必ず出しています。もっともお酒の弱いお客さんは敬遠されます。というのは、すっぽん鍋には酒を使うためです。酒は魚の生臭さを消す効力があります。すっぽんも独特の臭いがあります。そこで、炊く時に酒と水で臭いを消します。

次世代に伝えたい日本人の食への精神

ある小学校で五年生に味覚教育で「ご馳走さま」ということについて教えたことがありました。「馳走」とは料理を作ってくれる人や食材を作ってくれる人などが手間ひまをかけて作ったものを全て集めてできた料理のことで、それに感謝の意味を込めて「ご馳走さま」と口に出すのだと教えました。翌年、食育の授業として、小学六年生になった彼らと一緒に大根の海老そぼろあんかけを作りました。そのとき材料にあえて生きた車海老を使いました。私は彼らに生きた車海老を触らせて海老の命をいただきなさい」と言いました。その授業では「いただきます」の心を伝えたかったのです。そこで、「いただくとはどのようなことか分かるか」と問いかけました。大根にもその他の野菜にも命がある、大根が冬の寒さの中でも土の下で凍らないのは土のエネルギーをもらって生きているからだ、と伝えたかったのです。しかし、大根では子どもたちになかなか伝わらないので、生きている海老を使い、彼ら自身でその胴体と尾を外させて、命をいただくということを分かってもらおうと考えたからです。そうして彼らに「いただきます」と「ご馳走さま」の意味を理解してもらうことができました。

食というものは非常に大切なことですが、子どもたちにはなかなかピンとこないものです。しかし、このように教えると彼らも納得してくれて、「いただきます」と「ご馳走さま」の意味もひしひしと実感したみたいです。食でもそれ以外のことでも、根底にあるものを大切にしていく必要があります。特に、固定観念を持っていない小学生くらいの年代の子どもたちにこのような教育をすると、心の中にしっかり持っていてくれると思います。

私たち料理人が日本料理を伝承していくことは大事なことですが、それよりも私たちの次の世代がしっかりと育っていくために、食育というものにもしっかり取り組んでいきたいと考えています。

【平成二十一年一月二十八日「京料理あれこれ」より】

栗栖 基（クリス モトイ）

1961年、京都府生まれ。

1982年、京都外国語短期大学を卒業後、京都グランドホテルたん熊に入社。父、正一のもとで料理を修業後、1997年、代表取締役に就任し、現在に至る。

調理師学校の講師も務める。

株式会社 熊彦（クマヒコ）

江戸時代、季節の川魚をあつかう生洲料理屋が櫛比した高瀬川の伝統を踏まえつつ以後の精進をかさね、両千家をはじめ、谷崎潤一郎、吉井勇先生等の文人墨客に愛されてきた「たん熊北店」。嵐山熊彦は、「たん熊北店」の姉妹店として、宮中の有職料理、武家の本膳料理、寺院の精進料理、茶道における懐石料理……それらが渾然して生まれた京料理の老舗として知られる。
京都市右京区嵯峨天龍寺芒ノ馬場町 5-1
電話：075-861-0004
FAX：075-864-1689
URL：http://www.kumahiko.com/

六　龍善堂

時代に合わせつつ
時代の前を行く茶道具作り

長田　光彦

上から「駱駝の手あぶり」「八角馬上人物絵の水指し」「徒然茶箱」「茶室のある店内」

気軽に楽しめるお茶「喫茶去」体験

本日は皆さんに気軽にお茶を一服楽しんでもらう「喫茶去《きっさこ》」体験をしていただきたいと思っておりますので、お二人ほど会場から選ばせていただきます。

お茶の言葉に「一期一会」とありますが、初めてお目にかかったお二人の方に今から一服差し上げたいと思います。別にお点前《てまえ》の形式などはございませんので、お気軽に楽しんでいただいたら結構です。

実は、沖縄で開かれたお茶会にお招きいただき、昨夜に沖縄から帰ってきたところです。十一月も半ばなのに、沖縄は半袖でも大丈夫でした。それぐらい京都と沖縄では温度差がありますし、距離もありました。

さて、お茶菓子は和菓子や干菓子が基本でしょうし、一番お茶に合うとも思います。しかし、本日はあえて趣向を変えて、沖縄島豆腐クレープショコラロールをお出しします。

お菓子を入れる本日の菓子器は「箕《み》の菓子器」と申します。ちりとり型なのは、この季節と合わせ、落ち葉がたくさん散っている風情をかさねました。

この菓子器の上に、お二人にお出しするお菓子を三つ入れておきます。数がギリギリだと、お客さんの気持ちも、また、私（亭主）の心にもゆとりがなくなってしまうという思いからです。

今からお茶を入れますが、これは普通のポットです。ポットでも心がこもってさえいれば誉れ高い大西のお釜や、芦屋のあられ釜で沸かした湯に思えるかもしれません。私は今日は芦屋のあられ釜だと思って、一服差し上げたいと思います。

さて、私が持ってきたこの箱は、龍善堂で売っております「徒然茶箱《つれづれちゃばこ》」と申します。気軽にお茶を楽しんでいただくための道具を一式そろえた茶箱です。ご存知のようにお茶には表千家、裏千家、武者小路千家、江戸千家等色々とお流儀がございますが、これはお流儀にとらわれずに「本当にお茶を一服、喫茶去」という感じのものにしたいと思い、考案したものです。

箱の中には、茶碗、棗、茶杓、茶筅といった茶道具が揃っておりますので、これにお菓子とお湯とお抹茶があれば、すぐにでもお茶を楽しんでいただけます。

まずはこの茶碗。私がある窯で作った茶碗です。ちょっと心苦しいのですが、お許しください。

棗は、寅の蒔絵が入ったものにしました。今年(平成二十二年十一月当時)は寅年ですが、あと一ヵ月もすれば、次の干支に変わってしまいますので、最後の晴れ舞台かもしれませんね。

茶箱から茶筅を出し、茶碗を左手に茶器を少し右手に置きます。寅の棗には、「龍の白」という龍善堂好みのお茶を用意してまいりました。お茶の「龍」と棗の「寅」で龍虎になる言葉遊びも面白いものだと思って持ってきました。よくご存知のお客様だったら、寅の棗を見せると、「お茶はひょっとしたら龍の白ですか」と言ってくれることもありますね。

抹茶も、缶から出したばかりのものは、ごろっとした丸い固まりができてしまうので、なるべくそうならないように、茶を漉して差し上げるのが大切です。では、少し熱いですが、どうぞ一服。

「喫茶去」とはこんなものなのだということを見ていただく意味もこめて、実演させていただきました。お茶の香りと味を楽しんでいただけたならば良かったと思います。

龍善堂について

茶道具屋という仕事

私は茶道具屋を商っており、八代目の店主になります。昭和二十（一九四五）年四月十日生まれで、六十五歳になりました。

龍善堂は寛政年間から茶道具を扱いだしました。それまでは、よろづ屋として仕事をしていたようで、茶道具を扱ってから私で八代目になります。

茶道具といってもお流儀の別があり、物の古い新しいがあります。うちでは、流儀を越えて茶に関する様々な道具をご用意させていただき、また、古いもの、新しく職人さんが作る道具から龍善堂オリジナル商品まで取り揃えております。さきほどの「徒然茶箱」などは龍善堂のオリジナル商品になります。

私は京都で生まれたのですが、東京にも店があり、小学三年生の五月に引越して東京で育ちました。今は大変大人しく「こいつ大丈夫かいな」と思われているかもしれませんが、その頃は、やんちゃ坊主だったそうです。

子どもの頃は茶道具や家業に興味がなく、父の跡を継ぎたくない時期があり、大学を卒業した後、株式会社ミキモトに入社しようとしました。当時ミキモトパールというと、銀座に凄い店があって、そこで真珠のデザイン画コンクールで賞をとったのがきっかけだったのですが、結局は親孝行で今に至っております。

しかし、京都へ帰ってきましたが、当初は話す言葉のイントネーションも違いますし、なかなか商売仲間に入れてもらえなくて、「東京へ帰ろう」と思ったことも一度や二度ではありませんでした。

今は関東に行っていた時間よりも長く京都にいますので、完全に京都人になったと思っています。京都と東京の両方に身を置けたことは、京都と関東の良さ、同時に悪い所を理解することができて得だったと思うこともあります。

父の言葉

龍善堂を継いだ当初、父母によく「道具は嫁入りさせるがごとく扱いなさい」と言われました。お客様にお届けした道具や商品が本当にその家の役に立つように育て、そしてたまに里帰りさせてもらう。「アフターサービス」と言い換えられると思いますが、そこまできちっと面倒をみなさいということでしょうか。はじめ、この家訓の意味が分からず尋ねたこともありましたが、「自分で考えろ」と叱られ、教えてもらえませんでした。ですから、今申し上げたことは私の解釈です。

また、父が遺してくれた言葉に「無心是大道《むしんこれだいどう》」という言葉があります。「無心だったら、道はまっすぐ歩ける」という意味ですが、父は「無心」に自分の道を開いていったのだろうなぁと思っています。しかし祇園へあれだけ行っていて、道が開けるものか？　と思ったこともあります。「無心」、つまり心が無い、心の無いとはどういうことかと常々考えていますが、まだ考えをまとめるだけの力がございませんので、もう少し時間をかけて解明していきたいという目標を持っています。

さらに「当主は新年のものを考えるべし」という家訓があり、代々、龍善堂では新年に合わせたオリジナルの道具(香合、茶碗、棗など)を時代の流れをつかみながら作ります。どのような色や形で作るかなど職人さんの意見も取り入れながら企画し、製作を依頼します。この作業は次の年の龍善堂をどの方向に進めるかという計画を立てることにもつながります。龍善堂をご利用いただくお客様は、店頭に並ぶ道具から龍善堂カラーを見つけていただいていると思います。新年初のオリジナル商品となると、お客様もそれを見て、今年の龍善堂の雰囲気を感じ取られるのだと思います。父母、祖父母、先々代から受け継いだ茶道具屋・龍善堂の道具合わせを、時代に合わせつつ、時代の前をいけるよう考えていきたいと思っています。

職人気質に支えられて

龍善堂はすでに作られた道具を売るだけでなく、自らも作りだしています。しかしこれは先代、先々代から龍善堂を支えてくれている職人さんたちがいてくれるからこそです。

新年の道具を作るときは、職人さんたちも「今年の龍善堂は何を言ってくるかな」と楽しみに待ちかまえてくれているので、多少無茶なお願いをしても、議論や試行錯誤を繰り返しながら作り上げてくれます。これは職人さんたちが磨いてきた職人技と、ものづくりに対する度量の現れだと私は考えています。「仕事は自分が納得するまでする」。そういう職人魂に支えられている気がします。

禅の教えから生まれた喫茶去

喫茶去の由来

「一期一会」は皆さんもご存知だと思いますが、「喫茶去」については、「ただ、お茶を一服召し上がれ」という意味と理解されている方が多いのではないかと思います。しかし、喫茶去には、「お前たちは茶でも飲んで帰れ」という意味もあります。

中国の唐の時代、山東省出身の趙州《じょうしゅう》和尚《おしょう》が初めて「喫茶去」という言葉を使われたといわれています。七七八年から八九七年、一二〇歳まで生きられたそうです。

趙州和尚は八十歳から河北省趙州にある「観音院」という禅宗のお寺で修行され、独自の禅風を会得し、広められました。その時に生まれた言葉がこの「喫茶去」です。

あるとき、若い二人の僧が「ぜひ修行させてほしい」と言ってきました。趙州和尚が「貴方は、以前このお寺に来たことがありますか」と尋ねると、一人は「二回目です」もう一人は「初めてです」と答えました。今までに来たことがあると言う僧には、「喫茶去」（まあ、お茶でも飲んでいきなさい）、そして初めてと言う僧にも「喫茶去」（お茶を飲んでいきなさい、そしてよく考えて、帰りなさい）と言ったそうです。それを見ていた住職が「なぜはじめての僧にも、複数回きている僧にも同じく〝喫茶去〟といったのですか」と尋ねると、趙州和尚はそれには答えず、住職にも「喫茶去」と言ったそうです。

住職はその言葉で趙州和尚の深い心に触れ、「これが誰にも分け隔てすることない無我の境地」だと悟ったという逸話があります。

ところが別の話に、ある日、何回も門を叩いたのにもかかわらず、なかなか中に入れてもらえない僧の話もあります。その僧は門を開けてもらえないので、門を閉める少し前に行って、開いている門を叩き「ぜひ入らせてください。ここで修行させてください」とお願いしたところ、厳しくも「駄目だ」と徐々に門は閉ざされていきました。その時、僧は足をその戸に挟んで必死に閉めるのを阻止しようとしますが、それでも門は閉められ、足が砕けてしまいます。精神的にはこの門を叩いて勉強したいという気持ちがあるにもかかわらず、身体は痛くて耐えられないその境で門が開き、趙州和尚が出てきました。趙州和尚に「あなたは門を超えたと思いますか」と尋ねられたので、「我ここにあり」と言ったそうです。つまり「私はここにしか行けない。精神的には、ここへ入って勉強したい気持ちがあるが、身体もすでに言うことを聞かないようになりました」ということですね。限界までやったことで「よく悟られました。そこまで悟ったあなたなら、ぜひこちらへお入りください。足を治して、お茶を一服差し上げましょう」とおっしゃったそうです。砕けた足は一生治ることはありませんが、足をひきながらもこの僧は趙州和尚の後を継いで、立派な和尚になられたという話を聞いたことがあります。

私たちなんか「何とかここへ入れてください」と門を叩いたとしても、足をぎゅぎゅぎゅぎゅとされたら、いや、される前に「もう結構です」って帰ってしまうのではないかと思います。これは時代がどんどん変わっていることも一因ですよね。

人のことを思い、人のために何かできることが大切

精神的な目標には「喫茶去」の「お前たちは茶でも飲んで帰れ」という厳しい教えがあっていいと私は理解していますが、「まあお茶でも飲んでいきなさい。そして満足してお帰りください」という気持ちで「喫茶去」を使える今の時代のほうが素晴らしいのではないかと思っています。己に勝つことが素晴らしいことは重々承知していますが、そんな簡単に自分に勝つことなんてできるものではないと思います。

茶は本来、利休の生み出した侘茶から始まっていると私は思っておりますし、侘茶が最も崇高なものだ

と感じています。道具だけじゃなく雰囲気をも利用して、お客様をおもてなしする伝統的な茶道の作法は大変大切なものです。

しかしこれからの時代、正座をして、火をおこし、花を活け、茶を漉し、菓子を用意して……云々という作法だけでなく、今のような「喫茶去」、「一服どうでしょうか」というお茶もあっていいのではないでしょうか。茶と茶碗と棗と茶杓と茶筅があったら一服差し上げていろんな話ができます。私はこういうお茶を広めていきたいと考えています。しかし、基本を忘れたら本末転倒になってしまいます。お茶とお菓子を出しておもてなしをするという基本を理解した上で、少しスタイルを崩して気楽な一服を差し上げられればいいと思います。今日は基本的なお茶ではなくて、楽しんでお茶ができることを知っていただけたら嬉しいです。

道具の扱い方

茶碗

少し実用的なお話もしましょう。うちの父は生前こう申しました。「茶碗は程良く手の内に」と。今、ここに私が作った茶碗があります。「程良く」というのは、人それぞれ手の大きさは違うと思いますが、手のひらに乗せて指がちょうど高さの半ばぐらいまで支えられ、右手を添えると飲みやすい大きさが望ましいということでしょう。職人さんの作った茶碗でも、大きな茶碗だと扱いにくいように感じます。道具は扱い易いことが良しとされます。

茶碗のお手入れ方法ですが、ご家庭にあるボウルにぬるま湯を少しためて、茶碗で水をすくうように中に入れます。そこに沸かした熱い湯をボウルに入れて、ボウルの中の湯を熱くして茶碗を清め、一週間ほど陰干しします。

なぜ熱いお湯で清めるかというと、茶碗を水で洗うと芯まで乾かないからです。特に楽茶碗などを水で洗ったら、乾ききらなかった水分が臭みとしてすぐに出てくることがあります。茶碗はていねいに使うと、使うごとに良くなっていきますから、使う時や清めるときもていねいに取り扱うことが大切です。

茶杓、棗、菓子器

茶杓で茶をすくうと、カーブ（撓《たわ》め）のところに茶がついて汚れますよね。これを水で洗う……では駄目なのです。竹はティッシュで綺麗に拭いてください。昔は柔らかい布や懐紙を使っていました。

棗は一度熱い柔らかいタオルで拭いた後、すぐに乾いた柔らかいタオルで拭きあげます。熱いタオルで拭くと、熱で水分が飛ぶので湿気が取れるためです。直接手に触れるので指紋や脂が移るため、タオルで拭くことが好ましいと思います。拭いた後、確実に湿気を取るため、直ぐに乾いたタオルで拭きあげることが大切です。中の茶を綺麗にかきだしてから、柔らかい紙で中を拭き、外と同じように清めていただきますと、長く使えるようになります。

菓子器は同じく熱いタオルと乾いたタオルでお手入れしてください。熱いタオルと乾いたタオルの二つを常に携えていただけますと、道具のほとんどは対応できます。塗り物は湿気に弱いものが多いので、熱いタオルで拭いたら早目に乾いたタオルで拭いてください。

茶　筅

お茶をたてると茶筅の穂先に茶が残ります。ぬるま湯ですすいで綺麗にしますが、もし穂先に茶が残っていたら、手で綺麗に取っていただければ結構です。そして、茶筅休めに被せておけば、茶筅は三倍近く長持ちするといわれています。もちろん茶筅休めは龍善堂でも扱っております。茶筅が段々古くなってお茶の道具として使えなくなっても穂を綺麗にしておけば、お料理で柚子などを擦った後にかき集めるのにでも使っていただけます。

釜と水指し

水指しも陶器については、茶碗と同じような扱いで充分です。最近、夏には見た目が涼しいようにガラスを使うこともあります。水指しの場合は耐熱ガラスではないと思いますので、水で清めた後、乾拭きをしてください。脂がのることはほとんどありませんが、万一のときは洗剤で洗ってもらえたら綺麗になると思います。

釜には炭が付くので、本来はキリワラというタワシのようなもので釜肌を傷めないように煤を取って、中を綺麗にタオルで拭いて表もポンポンとたたき拭きをします。たたき拭きなら釜の肌を傷つけることなく拭けますし、釜肌を傷めません。ただ釜は必ず中が錆びてきます。錆は鉄分なので、身体にも良いのですが、あまり赤く錆びてしまうと行き過ぎになります。その時は早めに直されるといいと思います。ご相談は承りますのでどうぞ。

柄杓

最後に、柄杓があります。柄杓の付け根は、使っていると取れやすくなります。それは熱いお湯に入れて、直ぐに水に入れ手入れされると、温度差で竹が膨張と収縮を繰り返して緩むからです。ですので、必ず茶筅と同じようにぬるま湯で清めていただくのが一番だと思います。

仕事に対する想い

「準備する」ことで相手のことを思いやる心が生まれる

私が一番大切にしている言葉に「準備する」があります。一服お茶を差し上げるだけではなく、一服差し上げる前にやらなければならない準備は、これまた楽しいものです。それに、どんなお客様かリサーチして、相手のことを知れば「喫茶去」のもう一つの意味でもある、「お前たちはお茶でも飲んで帰れ」という気持ちを捨てられると思います。事前に「こうしてあげたい」「そのためには、こうしておこう」という気持ちがふつふつと湧いてくることが、本当のおもてなしの心ではないでしょうか。色々なしながらみや相手のことを考えながら、最大限の努力をしてお茶を一服差し上げる、これが今時の「喫茶去」の形だと思います。またどうしても、自分のことばかり考える気持ちは隠せないものですが、相手を思いやることでそれを薄められるのではないでしょうか。

今日だって自分の店の道具を持ってきて、「良かったら売っていますよ」という嫌らしいところを見せ、自分がこんな茶碗を作ったので見てほしいという驕りを持ち、自分の店が調合している「龍の白」が良いと思ってしまう私がいます。偉そうなこと言いながら、こういう良くない自分がいるということを知り、反省をしているのでお許しいただけたら嬉しいです。

お茶は意外と自分勝手なところもあります。自分勝手な主張をすることにより、道具を作る妙味があるのです。茶碗でも大きさや、重さ、高台《こうだい》の形など基本的な約束事がありますが、基本に忠実なだけでは面白みがなくなります。その隙間をうまく潜って、龍善堂としての商品を提供していければいいと思っています。

一生大切にしてもらえる道具を扱っていきたい

話が飛んでしまいますが、ピカソという画家がいます。一般の人には何か分からないような絵を描いていますが、どこか心うたれる作品だと聞きます。でも、分からない人も「これは素晴らしい」と言いますよね。私もきっと実物と会ったら「おぉ!!」って言うと思います。ただ、その前に本物かどうか聞きますけど。

ところで、「これはピカソの絵だから、三千万で売ります」と言われてピカソだから買うという方がいるかもしれません。一方でそれがたとえ無名のものであったとしても、「本当に好きだなあ」「気に入った」と思って購入される方もいると思います。多分両方とも大切に扱われると思いますが、道具屋としては後者の方がその道具を一生大事にしていただけると思います。そのようなお客様に出会えることは本当に嬉しい限りです。だから私の店では、ピカソに匹敵する名品も取り扱いながら、無名の道具も選んでいただけるように、取り揃えていきたいと思っています。

道具はいろんなことを語ってくれます。道具を見ることによって、その人の「人となり」を理解することができます。道具の扱い方なども、ついつい慣れで、ずさんな扱い方をすることもありますが、道具には必ず扱い方があるものです。私も初心に戻って、道具と向き合いたいと思います。

【平成二十二年十一月十七日「喫茶去」より】

長田 光彦（ナガタ ミツヒコ）

1945年、京都府生まれ。
明治学院大学卒業後、1987年、龍善堂8代目社長に就任し、現在に至る。

株式会社 龍善堂（リュウゼンドウ）

1781 年創業。創業当時は、種々の道具類を扱うよろづ屋であったが、明治期より茶道具の専門店となる。抹茶、茶、あるいは各流派の流儀を踏まえた上での品揃えにも定評がある。
京都市下京区四条河原町西
電話：075-221-2677
FAX：075-221-4864
URL：http://www.kyoto-wel.com/shop/S81466/

七　半兵衛麩

玉置　半兵衛

日本人の食事は礼に始まり礼に終わる。
食を通して感謝や思いやりの気持ちを磨く

上から「焼き麩」「焼き麩　釜工程」「生麩三種類」

麩の歴史

中国から伝わった麩

麩は、遣唐使など、中国の生活様式などを学んで帰ってきて人によって、日本に作り方が伝わりました。当時は、挽割り麦といって、小麦を石臼で挽いたものしかありませんでした。小麦粉を水で練り、水の中で洗うと「小麦でんぷん」と「小麦タンパク（グルテン）」に分離します。小麦粉の挽き方が違うので、今日の麩と同じものではありませんが、小麦粉の中の「小麦タンパク」が麩のもとになっていることは変わりません。

中国から伝えられたものは、麩とは呼ばず、「麪筋《めんちぇん》」といわれていました。麪筋の「麪」は、小麦粉という意味です。つまり「麪筋」は小麦粉の筋肉だと考えてください。筋肉は弾力のあるものです。そこから小麦粉からできた弾力のあるものという意味でこのように呼ばれていたのだと思います。当時はこの「麪筋」を取出す技術だけが中国から伝わり、茹でたり、油で揚げたり、炒ったりして食べていたわけです。

今では、石臼も使いませんし、精白小麦粉といわれるメリケン粉を使うので、当時よりも滑らかなものに仕上がっています。メリケン粉から抽出したグルテンにもち米の粉を加えて蒸したものが生麩です。餅のように柔らかいですが、餅だったら冷めると固くなり、固くなった餅はもう一度火にかけないと再び柔らかくなりません。しかし、生麩は同じもち米を使っていてもグルテンが主原料なので、冷めても柔らかいままです。また、グルテンに小麦粉を加えて大きな鉄板で蒸し焼きにしたものが焼麩です。生麩を焼いたものではなく、材料も違います。

茶菓子から普及していった麩

江戸時代になるまで小麦粉は作付面積が少なかったので、大変高価なもので、一般庶民は稗や粟、また土地がやせていても栽培できた蕎麦を食べていました。僧侶などによって日本に伝えられたこともありますが、小麦粉のような高級食材で作る麩を食べることができたのは宮中や寺に限られました。当時、「麪筋」を鉄板の上で薄く伸ばし平たく焼き、その上に季節のもの、松の実、味噌にみりん、少し甘いものなどを乗せ、丸く巻いた「ふのやき」といわれるお菓子が、仏事や茶の湯の菓子として使われていたようです。そして、この「ふのやき」が発展して焼き麩となりました。

この菓子を千利休は大変好きだったそうで、天正年間に利休が催した茶会百席のうち、七十四回も出ています。また千利休の二五〇回忌の追悼茶会の茶会記にも「麩」「湯葉」とともに、「利休好みふのやき」としてお菓子に使ったと書かれています。どちらの茶会記も当家の資料として残っており、本店資料室に展示しております。

江戸時代になり仏事や茶会などから町衆にも広がっていった麩ですが、現在のように滑らかな焼き麩になったのは、江戸時代の終わりに黒船がやってきて以降、精白小麦が入ってきてからです。したがって、現在、皆さんが食べておられるようなきれいな麩の歴史はなんとたったの一五〇年程度なんです。私の店の歴史は三二〇年ですので、そのうち二百年近くは水車小屋の石臼で挽いた挽割麦で作っていたということになります。

ちなみに小麦粉からグルテンを取出すと小麦でんぷんが残ります。このでんぷんは書画の表装に使う糊や、皆さんが着ているカッターシャツやブラウスを整えるための糊になります。

京都ならではの麩の発展

「京に良きもの三つあり。寺におなごに賀茂川の水」という言葉があります。この言葉は、江戸時代の作家・滝川馬琴が、ルポライターのように訪れた土地を紹介した「羇旅漫録《きりょまんろく》」中の一つです。気に入らなかったことを書くことも多かった馬琴が書くくらい、素晴らしいものだったのでしょう。そのなかの加茂川の水ですが、川を流れている水を言ったのではなく、京都の水全てを指したのだと思います。

良い麩を作るためには、何といってもこの京都の水が必要です。京都の地下水は軟水で料理をするのにも大変適しています。また京都にはお寺も多く、御所も京都にありましたので、需要が多くあります。需要が多いと作る機会も多く、技術も進化します。そうしてお麩は良い水と職人技術によって京都で育まれ、発展しました。

余談ですが、京都では粗悪品を流通させることをとても嫌がります。悪い商品を扱っているなんて噂が出ないように職人は必死で腕を磨きます。その頃は、京都から地方へ行くことを「下る《くだ》」といいましたが、地方へ出荷する商品も吟味して最良品しか出荷しません。不良品ではなくても出荷できないものは「下らせない」すなわち「下らないもの」として地方には出ませんでした。また、出荷する箱に詰めるのも同様に「詰められないもの」「つまらないもの」としました。茶碗が欠けている等は「どうすることもできない」「どうしようもない」「しょうもないもの」となります。

お金儲けなどよりも、誇りや信頼を大切にした心意気が京都のものづくりの基盤となり、発展を支えたと思います。

食が持つ儀礼と礼節

精進料理には今でも麩が多く使われます。一般的には肉魚を使わない野菜だけの料理だと思われていることが多いようですが、それだけでなく、「五色五味五法《ごしょくごみごほう》」の決まりごとがあり、それを守っている料理なのです。「五色」とは、赤・白・黄・青・黒の五色の材料、「五味」は、甘い・酸っぱい・しょっぱい・辛い・苦いの五つの味、「五法」とは、生・焼く・蒸す・揚げる・煮るという五つの調理法を指します。例えば豆腐だけを食べたとしてもそれは精進料理を食べたことになりません。現在、健康診断などでお医者さんに健康のためにバラエティーに富んだ食事をするようにいわれる方もいると思いますが、日本では江戸時代の昔から「五色五味五法」という料理法として培われてきています。麩は、小麦粉の「白」に当てはまります。しかし蓬を入れると青色に、胡麻が入ると黒色にもなります。お寺の食事ではこの様なことを考えながら食材としての麩を利用していました。

「五色五味五法」は食事を作る方の考え方ですが、食べる方にも考えがあります。お寺には「五観《ごかん》の偈《げ》」という教えがあります。禅の修行僧が食事を受ける際に心の中で唱える反省と感謝の五つの教えです。その最初の教えが「一《ひとつ》には功《こう》の多少《たしょう》を計《はか》り、彼《か》の来処《らいしょ》を量《はか》る」とあります。これは今、自分の目の前にある食べものは、食材を育てた自然の恵みがあり、食材を育てた人、料理を作った人、茶碗を作った人、薪を割った人など多くの人の手を経て出されていることを深く思い、それらに感謝していただきましょう。という意味です。このような食事をするにあたっての教えがあと四つあります。本当は詳しく話したいのですが時間がいくらあっても足りませんので省略します。この五つの教えは私たちの食事への感謝の心を養うために大切なことだと思い、私のほうで販売している「精進生麩禅」という商品に添えてお配りしています。

食事は人間が生命を維持するだけのために食べているのではありません。それなら餌です。修行僧にとっては食事も修行であり、また私たちにとっても食は大切な文化であることを意識してもらいたいと思っています。

父から教えられた命への感謝

玉置家の系譜と来歴

私の祖先はもともと、紀州の熊野大社の奥にある「玉置《たまき》神社」という神社のある辺りの豪族でした。系図を調べていくと、神代の時代までさかのぼります。近衛家から玉置家に嫁入りがあったり養子に来たり、平清盛の孫が落人となって養子に入ったりしてます。天皇家とは縁戚関係にありましたので、親戚に食事の準備を任せていれば毒を盛られることもないし、親戚が護衛するのだから後ろを刺される心配もありません。天皇の護衛と大膳といって食事の準備をする役割が玉置一族の仕事となりました。

初代は、大膳寮として宮中に上がり、料理を作るうちに麩の作り方も学びました。その頃、麩も京の町衆にも広がってきていましたので、その技術を使って京都の町で麩屋を始めたのが今から三二〇年程前の元禄二(一六八九)年です。

初代は懸命に商いを伸ばし、二代目は商売を嫁に任せて三味線の師匠をしていたそうです。三代目の三十郎は商売を任された母の苦労を見て、麩屋に精を出したそうです。

当時、京都では石田梅岩《いしだばいがん》という人がいて、人間の生き方、命の尊さ、商いの大切さを説いていました。「石《せき》門心学《もんしんがく》」といわれるものです。三十郎は梅岩の弟子となり、「宗心」という名をもらい、商売をしながら心学の講釈を行うまでになりました。また先祖のお位牌を見ますと、娘には梅と岩という名を付けたほど傾倒していたようです。そこから当家に心学の教えが代々伝わることになりました。教えといっても、日常生活の中で折に触れ、その時代に合わせた訓話や躾として親から子へと受け継がれています。ちなみに数年前この教えを『あんなぁようききや』(京都新聞出版センター)という題で本にまとめました。

心に沁みる父の言葉

私は昭和九(一九三四)年生まれですが、小学五年生の時に終戦を迎えました。一番食べたい盛りの年頃です。戦時中は、小麦は統制下になり材料が手に入らず、また鉄は供出品となりましので、焼き麩を焼く鉄板、生麩を茹でる釜の鉄は正直に全て供出してしまったので、商売は休業状態が長く続きました。

市街地にあった小学校の校庭全て芋畑にして食糧を作っても食べるものがなく、学校から田舎へ集団疎開にも行きましたが、何でもいいからお腹いっぱいに食べたいと思う苦しい時代でありました。今は何でも食べられる時代になりましたね。

そんな子ども時代に、父から聞かされた言葉があります。「その水を飲む前に、その井戸を掘った先人の苦労を知れ」その水が飲めるのは、その水を汲む井戸を掘った先人の苦労があったからと、感謝して飲みなさい、という意味の教えです。食事の大切さをつきつめて考えていくと、ここに答えがあるのではないかと思います。禅宗の「五観の偈」に通じます。

また、父に魚の食べ方で叱られたことがあります。「おまえは、この魚の命を犠牲にして生きておられるのではないか。食べた後の骨をそのまま散らかして置いておくとはどういうことか。おまえは、おまえが死んだあとにバラバラに放っておかれたら怒るやろう。魚も同じ、食べた後を小さくまとめなさい。料理やさんではお皿に笹や松の葉が添えてあるから、それを上から被せて、食べた後の骨を隠してあげなさい」と。こうして日常の中で人間の生き方、命の尊さ、商いの大切さを教えられました。

「家の中で一番大事にきれいにしておく場所はどこか分かるか？　それは便所や。人間は生きるために様々な動物を犠牲にして生きている。動物は人に食べてもらおうと思って生まれてきたんやない。動物はみんな自分の子孫を残すために子どもを産む。それなのにその動物を殺してまで人間が食べる。植物でも同じ。動物や植物から見ると腹の立つ話。それでも人は自分が生きるために食べ、栄養を絞り取った後、用がないと体から出すのがうんこ。便所はその用がないものを捨てる場所で、動物や植物の最後に行きつくところ。おまえが死んだらお葬式をあげてお坊さんに拝んでもらいたいやろう、動物だってそうではないか。だから、便所は自分が生きるために食べた様々な命のお葬式の場だと思って、常にきれいにしておくことが大事。便所から出るときは〝ありがとうございました。すまんなぁ〟と言って手を合わせてから出なさい。これを続けていれば、食べることのありがたみを知ることが、他の動物や、他の人に対する思いやりの心につながる。他の動物のお命を戴くから〝いただきます〟と言うのや。この食べものを集めるのに駆けまわり走られたことに感謝して〝ご馳走さま〟と言うのや」と言った父の言葉が忘れられません。言われた当初は、言葉通りの所作をするだけでしたが、今ではその言葉の意味の重さを分かるようになりました。

「たとえ、ちりめんじゃこ、小さなお魚にも、一つ一つのたくさんの命がある。だからちりめんじゃこを食べたらたくさんお礼を言わなあかんえ」、なかなか粋な言い方をしますね。

父の言葉に見える考え方は、周りの人やものに対する思いやりの心を育む基礎になると思うのです。もともとこのような思いやりの心、仁の訓えが日本人の根本にあったのではないでしょうか。

例えば、玄関に下駄をきれいに揃えておくのは、次の人が、また、自分が次にはく時に履きやすいようにするためで、散らかっているのが他の人に見られると恥ずかしからではありませんよね。このことは仕事でも同じことがいえると思います。ある商品を作る工程で、自分の作業が終わり次の工程にもっていくときに、相手の作業がしやすいように並べておくとか。これが思いやりの心のある仕事です。

餌ではなく〝食事〟をすることが大切

食べ物は人間が命をつないでいく根源です。だからこそ、感謝の気持ちや思いやりの心も食事や食べ物への関心で育むことができるのだと思います。当家はその食べ物を商いとしておりますので、食事、食べ物については他のご家庭よりも大切にしていくように教えられてきたかもしれません。

以前、あるテレビ番組の中で出演していた有名な映画監督が「たかが食い物の話でしょ」と発言したのを観ていて、そのテレビ局に抗議の電話をしてしまいました。「あなたはこの一ヵ月間何も食べなかったのか、食べることがどれだけ大事なことか分かってるのか」と。

食をバカにしてはいけません。ただ生命維持のためだけに食べるなら、それは食事ではありません。餌です。人間は餌を食べるのでなく、食事をするのです。

食事は「五色五味五法」で作られ、感謝しながら食べるべきものです。食事をたべるのにもマナーがあります。マナーは一緒にいる相手を思う所作のことです。ところがマナーを分かっていない人がいます。食事をしているのを見ると、その人がどのような人か分かります。特に日本料理を食べるときにはよく分かります。会社で人を接待する時の担当者には、頭の良いだけ人ではなく、相手に気遣いができマナーの良い人を選ぶ企業もあるほどです。マナーを身につけるのは簡単なことです。常に家で食事をする時に、お箸はお茶碗の上に乗せるのではなく、お箸置きに置く習慣をつけてください。このような習慣は学校では教えてくれません。家で躾として教えなくてはなりません。

食の大切さ、不自由なく食事ができることのありがたさ、他の動物のお命を食事として頂く感謝、食べ物を大切にする気持ち、躾として子どもたちにも教え、自らも実践してほしいと思います。

【平成二十一年四月二十五日「京生麩の話よおぅききや」より】

玉置 半兵衛（タマオキ ハンベエ）

1934年、京都府生まれ。
1953年、11代目玉置半兵衛を襲名。
現在、協同組合全国製麩工業会理事長を務め、文部教育賞を受賞。
著書に『あんなぁ　よおぅききや』（京都新聞出版センター）がある。

株式会社 半兵衛麸（ハンベエフ）

1689年、御所の大膳亮と共に賄方を務めた初代が、貴重な食材「麩」の製法を学び、京の町で「萬屋（よろずや）半兵衛」として創業。3代目が石田梅岩の思想「石門心学」を学び「宗心」の名をいただき、自らも講を開く。
1985年に「株式会社 半兵衛麸」を設立し、現在も創業以来、材料にこだわり、時代の変化とともに麸を発展させながら、丹精を込めて伝統の味わいと技を守り続け、3代目制定の家訓「先義後利」に基づき代々心学の教えを現11代目にも継承している家系。
京都市東山区問屋町通り五条下ル上人町433
電話：075-525-0008（代）
FAX：075-531-0748
URL：http://www.hanbey.co.jp/

八　松文商店

北山の風土と伝統の技が、育んだ北山丸太の文化を守る

吉村栄二

上から「迎賓館」「北山丸太の砂磨き風景」「北山丸太の倉庫」

松文商店の由来

松文商店の由来

当社は北山の磨丸太《みがきまるた》と銘木を扱っております。創業は安政五(一八五八)年、創業当時は現在の京都市北区の鷹ヶ峯の光悦寺の近くに店を構えていました。鷹ヶ峯から京見峠を越え杉坂を経て中川へと続く街道は山国道《やまぐにどう》とも長坂越ともいわれ、丹波と都をつなぐ最短ルートで、明治二十八(一八九五)年に現在の周山街道が開かれるまで、周山や若狭に至る主要ルートの一つでした。

鷹ヶ峯は江戸時代には若狭や丹波地方からの乾物、材木、薪炭などの物資の集散地として荷駄が往来し、問屋が軒を連ね、米、味噌、醤油をはじめ食料品、日用品、衣料品などの商店も多く出店していました。鯖街道の一つでもあり、かつては若狭湾で取れた鯖が天秤棒に担がれ、夜を徹して道を駆け、京都へ届けられていたそうです。

京都市の北西二十キロメートルのところに位置する中川は古くから林業が盛んな土地で北山丸太の生産地でもあります。中川は土地がやせ地で岩石が多い地域だったため農業に向かず、自然に林業を発展させることになったと思われます。鷹ヶ峯から中川までは約六キロメートルの距離です。国道一六二号を北上し、高雄を越えて北山杉の林を抜ける道が最短ルートで、道沿いには中川に通じる清滝川も流れています。

中川で作られた北山丸太は、女性が頭に乗せて山国道を通り鷹ヶ峯まで運んできました。また、女性たちは薪などの燃料も頭に乗せて運んできたので、私の店ではそれらの薪も扱っていたようです。

鷹ヶ峯から現在の千本通りに移転してきたのは大正時代の初めです。周山街道(現在の国道一六二号)が明治三十五(一九〇二)年に改修され牛車道が開通したため、女性が丸太を頭に乗せて運ぶ必要がなくなり、牛に積んだり、大八車に積んだりして運ばれるようになりました。そうなると鷹ヶ峯に店を構えるメリットがなくなったのです。鷹ヶ峯に店を構えていた他の材木屋も次々と便利な街の中へ店を移していきました。

北山磨丸太販売に着手

二代目の文次郎《ぶんじろう》が早くに亡くなったので、妻のミネが商売を引き継いで現在の松文の基礎を築きました。最初は一般の木材を扱っていたようで、大きな木材を鋸でひいて用材に仕立てる職人・木挽きを雇って製材し、販売していました。しかし、北山磨丸太の販売に力を入れようと、営業先を開拓していきました。

その頃には鉄道が発達していたので、二条駅から東京へと丸太を送り、汐留駅で駅留めしてもらい、その間に店の者が東京の丸太問屋さんを回って人を集め、駅の構内で丸太の展示・即売会を行いました。番頭さんなど店の者が東京でわらじを何足はきつぶすかを競い合ったくらい頑張って商売をしたそうで、毎回完売だったと聞いています。こうして松文の名前が東京で知られるようになり、一般の製材の取り扱いをやめて、北山丸太と銘木に特化して商売をすることになりました。

東京で松文の丸太が売れ出してきた大正十二(一九二三)年、関東大震災が起き、北山丸太が大量に売れだしました。当時はコンテナもなく、無蓋車といって幌もない貨車で丸太をそのまま運んで行ったわけです。丸太は傷みましたが、それでも良く売れたそうです。

その頃、店は祖父である三代目の文次郎に代わっていましたが、ミネは名古屋・岐阜などの東海地方での販売に力を入れ始めました。

東京へは鉄道を利用しましたが、名古屋や近隣の地域へは荷車を使っていました。道路事情が悪かったので、坂を登れないときは丸太を担いで車だけ押して登り、夜になると松文と書かれた提灯をぶら下げて歩いたそうです。昭和の初め頃まではこのような形で配達していたそうです。

戦時中の松文商店

第二次大戦中、松文は営業停止の状態でした。日本中の働き手は兵隊として戦地に行ってしまい、会社の倉庫にも建材に使える木は全て切って供出してしまっていたので材木はまったくありませんでした。材木の個人への販売はできず、ほとんど軍隊に納めていました。当時は統制経済だったので、お米だけではなく材木も配給制でチケットが無ければ買えません。そのため家の修繕はできても新築はとてもできない時代だったのです。もっとも、修繕しようにも釘が貴重品であまりなかったので、それすらも困難だったようです。

当時、地方木材株式会社という政府が運営している会社があって、松文商店はその会社の京都府での配給所になっていました。祖父はその配給所の所長でしたが、仕事はほとんどなく店番のようなことをしているだけだったそうです。

そのような統制経済のなかでも、祖父は色々と面白いことをやりました。千本三条西にあった紡績会社の土地を知り合いと二人で買い取って、その辺りを材木屋の街にするべく材木屋に土地を売ったり、マッチだけで練炭にすぐ火を起こせるマッチ練炭というものを考案して売り出したりしていました。

戦争の復興に必要だった材木

戦争が終わると、京都で一番早く材木屋の営業を始めたのが松文です。統制経済が続いていたので個人への販売はまだできませんでした。そこで材木の卸業や製材もやっていた会社と一緒に「京都木材商工株式会社」という別の会社を立ち上げました。ただ、店を開けても材木はなく、山に木を切り出しにいこうにも男性はおらず、材木の生産もできない状態でした。そこで、台風が来て比叡山の大木が倒れたと聞くとすぐに買い付けに行ったり、どこかで建物が倒れたと聞くと駆けつけて材木を譲り受けたりして、調達するよう努力しました。

世の中が落ち着いてくると、京都の材木屋が買いに来るようになり、北山丸太も生産体制が整いはじめ商売も軌道に乗ってきました。戦災で多くの建物が焼けてしまった東京からは、買い付け人が現金をお腹に巻きつけてやってきて、どのようなものでもいいからとにかく丸太を売ってほしいと言ってきました。

終戦後、京都の植物園には進駐軍がやってきたため、進駐軍の将校の家を建てるために建築材料として丸太を納めることになり、店の売り上げも伸びて行きました。

京都木材商工株式会社の経営を二、三年した後、松文を再開しました。再開当初は叔父が従業員と一緒に前坂の木を切って、大八車に積んで千本通の店まで運び、それを売って営業資金を作ることから始めました。京都は戦火からまぬかれて山も残っていたので、山の体制が整い、仕入れがうまくいくと、爆発的に丸太が売れるようになりました。

家族で支え合って育てた松文商店

初代が松文を作り、二代目が基礎を固め、北山磨丸太の名前を全国に広めた功労者は祖父である三代目です。三代目の文次郎と私の父である四代目、そして二人の叔父が戦後から現在まで松文の経営を担いました。特に四代目と叔父たちは、仕入れ、営業など手分けして店の経営に携わっていました。高度成長時代になると、経済の成長に合わせて商売は安定。現在は私の弟が五代目として一人で頑張っていますが、私も北山丸太とともに全国に和風建築を広めていきたいと考えています。

北山丸太の仕入れ

仕入れのためには生産地である中川まで行く必要がありました。私の祖母によると鷹ヶ峯から中川までは、初代と二代目は籠に乗って通ったそうです。籠かきを数人雇って途中で一服せずに交代しながら運んでもらうのが中川に最も早く着く方法でした。

三代目はオートバイに乗っていったそうです。乗っていたのはハーレーダビッドソンで、当時は京都に数台しかなかった貴重なオートバイでした。

戦後、二番目の叔父は当時の鉄道省営の木炭バスに乗って行きました。馬力が無いので高雄を出て御経《みきょう》坂《ざか》峠の手前で客は降ろされて、時には止まったバスを客が後ろから押していったこともあったそうです。昭和三十年頃からはトラックで行くようになりました。

余談なのですが、仕入れは個人と個人の付き合いで、商談する時には必ずお酒がつきものでした。祖父は中川の各家を商談で回った後、酒に酔ったままオートバイで帰ってきたそうです。叔父も雪道をオートバイで帰ってひどいことになったりしました。当時は酒気帯び運転という言葉もなかったので、雪道で酒に酔ったまま車の運転をしてスリップしてガードレールにぶつけたという話も聞いています。

戦後の仕入れ状況を叔父から聞いたところによると、中川では御主人と奥さん、息子さんの三人位で営業している家族経営がほとんどでした。叔父と祖父は、松文で買うことに決めた丸太には金づちのような刻印を押すことにしていましたが、それを押す音が山に響くと音を聞いた中川の生産家の人々がやってきて、各家の丸太を祖父に売り込んできたそうです。祖父はやってきた人全ての家を回って丸太を買ったそうです。

中川の家々と松文の関係は大変良く、昭和四十八年頃、中川の人からの提案で叔父は中川の四十軒ほどが集まった松文会という親睦会を作り、年に一回は宴会や旅行をしていました。毎回様々な企画を立て、建築家を呼んで話をしてもらったり、ビデオを見て建築の勉強をしたり、取引先の銀行の支店長さんに来てもらって経済情勢について話をしてもらったりもしました。日本での丸太の需要傾向を話して、作ってほしい丸太の要望を出すこともあったそうです。このように中川との関係がうまくいっていたので、仕入れは順調でした。松文会は毎年、丸太を生産する少し前の七月頃に開いていたそうです。

北山磨丸太の種類

北山磨丸太の種類

北山磨丸太は昭和四十一(一九六六)年九月に府民投票で二万五千票を獲得して、「京都府の木」に選ばれました。全国に出荷されている京都の特産物として、清水焼や西陣織と並んで三大伝統産業にもなっています。平成九(一九九七)年には京都府伝統工芸品にも選ばれました。

北山磨丸太は生産するのに特殊な技術を必要とし、実に様々な種類があります。

「並丸太《なみまるた》」は表面がつるつるしていて、しわやこぶが何もないきれいな丸太のことです。

「天然絞丸太《てんねんしぼりまるた》」というのがあります。「絞丸太」とは、丸太の表面に微妙に凹のしわが入っているものを指しますが、皮をむかないと絞丸太かどうかは分かりません。私の祖父などは、これを見つけると喜んで手を合わせて拝んでいました。「並丸太」より高く売れるので、「絞丸太」を人工的に作るようにもなりました。これを「人造絞丸太《じんぞうしぼりまるた》」といいます。割りばしのようなものを木に巻きつけると、巻いた部分が木に食い込むため、きれいなしわが入るのです。

「天然出絞丸太《てんねんでしぼまるた》」というものもあります。出絞とは凸のことです。しわが膨れてこぶになっていて、「絞丸太」よりも貴重です。ある種の奇形で何十万本に一本しかできないので、これが出ると中川の人はお祝いをしたというくらいです。四百年前に建てられた大徳寺塔頭の黄梅院の茶室には大変素晴らしい出絞丸太が使われています。昔から珍重されていた証です。大徳寺は西暦一五〇〇年から一六〇〇年にたくさんの堂宇が建てられていますが、鷹ヶ峯に近いため、良い丸太がたくさん使われています。この「出絞丸太」もよく似たものを人工で作ることができ、「人造変絞丸太《じんぞうへんしぼまるた》」として販売しています。

「垂木《たるき》」という細い丸太があります。これは台杉仕立《だいすぎじた》てという方法でつくります。一本の「取り木《とき》」と呼ばれる幹の部分から枝が垂直に分かれてできる北山独特の育林方法で、中川には樹齢が二百年から三百年もある台杉があるそうです。「垂木」は細いので柱には使われず、庇とか廊下用の化粧垂木として使われます。

「档錆《あてさび》丸太」は磨丸太のように真っ白でつるつるしていません。丸太の表面にしみやそばかすがたくさんあります。「档錆丸太」を作るには、木肌に樹液が満たされていることが必要なため、あえて梅雨の頃に作ります。皮を剝いたとき、木肌が樹液で覆われていると錆が付きやすいのです。「档錆丸太」は戦前までは、出荷する時は頭に乗せて運ぶのでなく川で出荷しました。丹波の黒田地方の広河原あたりの川で筏に組んで流し、保津峡をわたって渡月橋のあたりで陸揚げします。筏一枚に一〇〇本から一五〇本の丸太をつなぎます。昔の京都の大工さんは、筏で運ばれた丸太のことを「嵯峨丸太」と呼んでいました。

丸太や板の表面に道具の痕跡を残し、それを味わいとしてみなす〝なぐり〟という技法があります。手斧《ちょうな》という斧のようなものを使って製造します。「亀甲《きっこう》なぐり」は先代が考えて売り出したものです。今ではお茶席、和風建築の壁の材料としてよく使用されています。

最後に「雑木《ぞうき》」です。これは広葉樹、秋になると紅葉して葉が落ちる木で作られます。なかでもあべ槙という椚の一種についてお話します。秋には団栗のような実がなる木で、皮が柔らかく、この木の皮からはワインのコルク栓が作られます。肌が柔らかく、周囲の自然と溶け込むような風情があり、桂離宮の建物に多く使われています。

北山丸太の独特の作り方

北山丸太は、木をいじめて細かく密に植えて作ります。こうすることで目が締まって堅い良い木ができるからです。年輪を見ると非常に細かいです。

北山丸太の職人の間で言われている言葉に「親の顔を見て嫁を取れ」というのがあります。良い木を見つけて挿木をして育てると優秀な木に育つということです。北山の人は何百年も前からこれを考え出して実践し、品種改良を重ねて現在の形を生み出しました。

また、丸太を作る際は、男性と女性で役割分担をします。

男性の仕事

苗床《なえどこ》(新しい芽)を四月から五月にかけて採取して畑に挿木し二年間育て、山に植林します。節をなくすために枝打ちをしているため、北山丸太には節がありません。良い丸太を作るために発達した技術で、苗を植えて五、六年、一メートルから三メートルに成長すると枝打ちを始めます。その後十四、五年間は二、三年おき、それ以降は五年おきに枝打ちをします。木が育つにつれて枝打ちも高い所で行うので、大変な作業になりますが、上手な職人さんは軽業師の様な手さばきで登ります。人によっては、朝、木に登ると昼にも降りてこず、木の上でおにぎりを食べるという離れ業をする人もいます。

特に、年輪の積んだ高級な北山杉は、伐採する程度に育った木には本仕込みを行います。これは北山だけに伝わった秘法で、まず枝締めといって伐採する前年の秋に、梢の先端だけを残して枝を落とし、杉の成長を止め、木肌を引き締めます。伐採する時期は勘と長年の経験に基づいて判断します。だいたい八月から九月頃で、雨に濡れないように、細心の注意を払って伐採する日を決めます。伐採した木はその場で皮を剝きます。立ったまま皮をむくので立剝《たちむ》きといいます。皮を剝いたものは十本から二十本ずつ槍のように束ねて一週間から十日間ほど天日で干し、搬出します。

女性の仕事

男性が杉の新芽を畑に挿し木する際、新芽の茎に赤土の泥を塗る作業のほか、伐採された化粧垂木の皮剝き作業があります。七月から八月にかけて台杉から垂木が伐採されると、葉のついたまま天日で乾燥させ、木製のヘラで皮を剝いていきます。次に、小剝きという作業があります。伐採の際の荒むきで残った杉の渋皮を取る作業ですが、これを取らないと丸太の表面に模様がついてしまうので独特の形をしたヘラを使ってむきます。

現在は丸太を漂白するために薬品を使用していますが、昔は砂で磨いていました。砂で磨く作業は一月から三月にかけての寒い時期に行いました。二人がペアになって、砂でいっぱいのプールのような洗い場に丸太をつけて洗います。磨く際に使用していた砂は菩提の滝から採ってきたもので、粘土質で丸太の肌を傷つけず、磨く女性の手の肌も傷つけませんでした。言い伝えでは、お坊さんが病気になっていたのを村人が助けたところ、親切にしてもらったお礼に知恵を授けようと、菩提の砂で丸太を磨くとつやが出て良いと教えてくれたそうです。

その後は、出荷です。一六二号が開通する前は、中川から鷹ヶ峯に通じる道を、二本ずつ丸太を頭に乗せた女性が隊列をなして杉阪の集落を通って京見峠を越えて鷹ヶ峯まで運びました。もう一つ中川から菩提の滝を越えて坂尻から千束を通って鷹ヶ峯につくルートもありました。この二つのルートどちらかで丸太を運び、材木屋さんで代金を受け取って、そのお金で米や味噌などの生活必需品を買って、それらを頭に乗せて山に帰って行きました。頭に丸太を載せるときは、まず頭に蕎麦殻や磨り糠を詰めた枕を乗せ、その上に藁で作ったドーナツ型の輪を置いて、丸太であれば二本、垂木なら四本から五本を乗せて運んだそうです。北山の女性の衣装は、桂女《かつらめ》などのような里を歩くスタイルではなくて、山を歩くのに適した機能的なスタイルです。これは中川、真弓、杉坂地区と大森、高雄地区で微妙に違っていたそうです。この地域の女性は、モンペ、たすき、前掛けなど十五組を嫁入り道具として持って行くようになっていたらしく、衣装の違いから、その女性がどの村から嫁入りしてきたかが分かったそうです。

こうして女性たちは昔から北山丸太を支えていました。

日本建築を支える北山丸太

茶の湯と北山丸太

北山磨丸太は六百年の歴史があり、生産する北山の地理的条件があり、そこに住む人々の長年にわたる努力と研究によって編み出されてきた技術の結晶です。建築への利用は、当初京都に限定されていました。しかし、茶の湯の流行により数寄屋建築の高級材として普及していき、江戸時代中期くらいから茶の湯をたしなむ人の増加に伴って全国に広まっていきました。

お茶席というのは部屋だけを指す言葉ではないそうです。茶の湯を行う部屋、建物、庭を含めた全部を総称してお茶席といいます。そのうちの建物の部分を数寄屋といいます。数寄屋は茶の湯の世界で作り出された特別な建物です。昔、京都の大工さんには、宮大工、町屋大工、数寄屋大工など専門ごとに名前も分かれており、数寄屋大工とは茶道の家元のお茶席専門の大工を指しました。数寄屋造りには自然のものを取り入れることが求められました。江戸時代になり茶の湯が一般に広まってくると、数寄屋建築の技術を取り入れて、町家や寺社が建てられるようになりました。その結果、数寄屋建築で用いられていた北山丸太の需要も広がっていくことになりました。

戦前は、自宅に茶席を作るときには、京都の数寄屋大工を呼んで作ってもらっていましたが、芦屋、宝塚、名古屋あたりの高級住宅では北山丸太が非常に多く使われました。京都でも西陣の旦那さんは家に茶室を建てましたし、東山の山ろくにも数寄屋建築の技術を使った建物が増えてきました。そうすると日本中から数寄屋建築の職人になりたい人が京都にやってきて修業した後、地元に帰って、数寄屋建築の技術を使った建物を建てていくようになり、それとともに北山丸太も地方に広まっていきました。このようにお茶の文化が広まるにつれて、北山丸太も全国に広まっていきました。

床柱として重宝された北山丸太

大正時代の末頃から銘木という言葉が使われるようになりました。珍しい木という意味で、主に床の間やお茶席に使う材木となりました。東京と京都ではお雑煮に入れる餅が違うのは良く言われる話です。京都ではは家族円満とか全てが丸くおさまってうまくいくようにという願いを込めて丸餅が入れられますが、東京では四角い餅を入れます。実は床の間の床柱の好みもこれと同じです。京都をはじめとした関西では丸太をそのまま使いますが、東京より北の関東では四角い柱が好まれます。この違いは雅な京都の文化と、書院造から発展した関東の武家文化の違いからきていると思います。

伝統的な和室には床の間があります。北山丸太はこの床の間まわりに使われます。その中でももっともよく使われる場所は床柱です。床柱には凸凹のある絞丸太が多く使われます。

松文商店の北山丸太が使用された歴史的建造物

後楽園（岡山県）

江戸時代、岡山藩主が後楽園を訪れた時には、延養亭《えんようてい》という建物を使っていました。この建物は園内の景色が最もよく見える中心地に建っているのですが、第二次大戦で焼けてしまい、昭和三十五（一九六〇）年に国と岡山県が五十%ずつ費用を出し合って元の図面通りに復元しました。平屋で百坪くらいの広さがあります。延養亭は昭和天皇が非常に好まれた建物で、岡山行幸の際はホテルに泊まらずに延養亭に泊まられたほどです。

私の店は岡山県から依頼を受けて建築資材の丸太を納入しました。建物の周囲の庇の部分は北山丸太の桁と化粧垂木で取り囲んでいます。延養亭の中の御殿は書院造で大名の居間になります。その隣に小間がありますが、昭和天皇はこの部屋にベッドを入れてお休みになったそうです。

延養亭に隣接してお茶室があります。天井に龍の絵が描かれているので龍の間とも呼ばれています。この部屋の床柱は北山丸太の天然の出絞を使っています。

二条城の清流園の茶室（京都府）

昭和四十（一九六五）年に、由緒ある石や庭木を集めて、二条城の清流園が作られました。この庭の西半分に二棟の茶室が作られ、その一つを和楽庵といいます。この茶室の資材も私の店が納入したものです。

京都府民ホールの茶室（京都府）

京都で作られた北山丸太を使って、京都がよそにない伝統文化を誇れるような建物を作ろうというコンセプトで、京都府民ホールの茶室が建てられました。建築資材には北山丸太の最高級品を使い、回廊は全て化粧垂木で、桁も全て北山丸太です。小間の茶室は四畳半台目です。床柱は赤松、反対側は栂の錆丸太が使われています。手前座にある中柱には香節《こぶし》の皮付きを使用しています。香節は一寸八分のサイズで非常に細いですが、京都では茶室の中柱はナツメより細いものと決まっています。地方では二寸から二寸三分などの少し太めが売れ筋です。大工さんや左官屋さんからみると、細いものは壁が塗りにくいため、仕事がしずらいのです。

茶室は小間であれば、床柱はえくぼがあったり曲がっていたり景色（節）があるものがよく好まれます。

狭いお茶室に座っているあいだ、景色がある床柱に目をやることができるためです。きれいな柱は単調なため、次第に窮屈な気分になってきます。数寄屋大工はそこまで計算して、茶室の広さによって材質を決めていきます。これが日本人のもてなしの心なのでしょう。その心を表現するのが北山丸太であり、その丸太に関わっていることに私は誇りを感じています。

【平成二十一年二月二十五日「北山磨丸太とともに」より　講師：吉村　俊子】

吉村 栄二（ヨシムラ エイジ）

1959年、京都府生まれ。
1982年、同志社大学卒業後、2年間の建材販売会社勤務を経て、松文商店に入社。
2001年、5代目社長に就任し、現在に至る。

有限会社 松文商店（マツブンショウテン）

1858 年から現在の京都市北区鷹ヶ峯において一般木材と北山磨き丸太の製造販売を営むために創業し、以来百数十年をこえる変遷のなかで家業の伝統を守っている老舗。造林から製造販売まで北山独自の技法を大切に優良銘木の充実をはかり、茶室の材料や銘木など製品の紹介、需要の促進に力を注いでいる。
京都市上京区千本通上立売上ル花車町 487 番地
電話：075-463-0275
FAX：075-464-3584
URL：http://www.matubun.co.jp/

九　村山造酢

でしゃばらず、脇役として京料理と歩む調味料・酢

村山忠彦

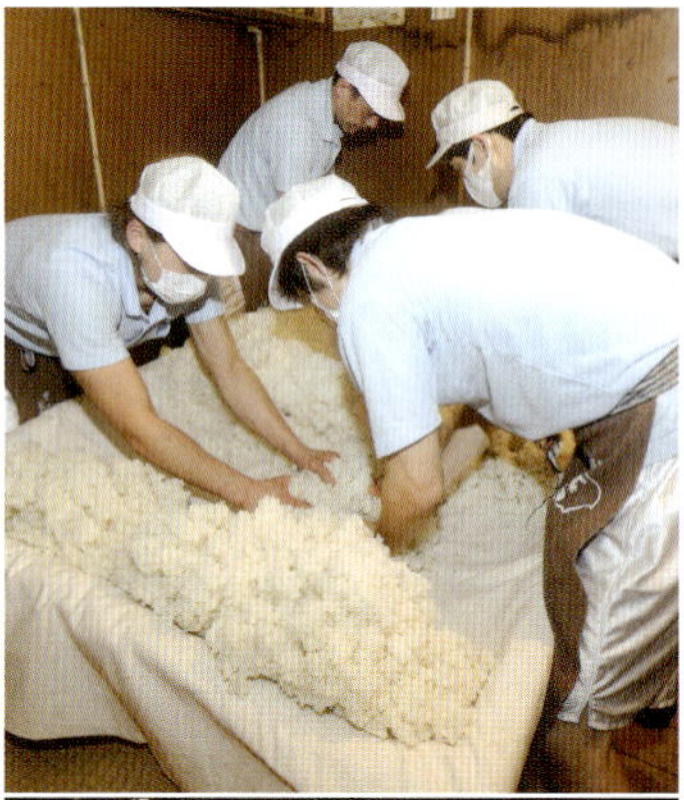

上から二番目より「麹つくり」「保温用のむしろを巻いた発酵中のタンク」「歴代ラベル」

古くから親しまれてきた調味料・酢

皆さん、酢はいつ頃できたかご存知でしょうか。実は酢のようなものは人類が地球上に現れる前に存在していました。人類が現れる前から植物や果物は存在していたので、果物が熟して地面に落ちたところに野生の酵母が付いて、まず酒のようなものができました。人間は狩りの途中に自然にできたそれを偶然見つけ食べてみて、良いものが見つかったとウキウキするわけです。さらに持ち帰って次に大きな獲物が取れた時に皆で食べようと考えて保存します。一、二ヵ月後、獲物が取れた時にそれを食べてみると、酸っぱくて食べられなくなっています。仕方がないので保存していたものを全て捨ててしまうと、偶然、捨てたものが肉や穀物にかかり、かかった食材を食べてみると、今までにない味がする……。こうして、酢のようなものは食べ物に使えるということを人類は学習します。これが調味料の始まりです。

塩は自然の産物ですが、酒や酢は人間の英知で飲料や調味料に作り替えられ、非常に古い時代から人間の食生活を豊かにしてきました。

世界をみると紀元前五〇〇〇年頃には酢がありました。紀元前一二五〇年頃に旧約聖書が作られましたがその中に「essiggenus」という酢を表す言葉が出てきます。ラテン語ではvinaigre、英語ではvinegarになりますが、aigreは酸っぱいという意味です。ワインが酸っぱくなったものが酢です。クレオパトラが真珠を酢に漬けて飲んだという逸話もあるように、酢は非常に古い歴史があることが分かります。

日本では四、五世紀の応神天皇の時代に、中国から酒と酢の作り方が伝えられたといわれています。酢はその字の通り、酒から作られたものです。万葉集に「醤酢《ひしおす》に蒜《ひる》つき合《か》てて鯛《たい》願う　我にな見えそ　なぎのあつもの」という歌があります。この意味は単純なものです。醤は醤油の原型になるものです。醤酢はこれと酢を合わせたものです。野蒜を醤酢に和えて作ったものと鯛を食べたいなと思っている私に「なぎのあつもの」（葱の炊き合わせのようなもの）を見せてくれるな、という意味です。鯛が欲しいのに炊き合わせなどいらないと詠っているのです。つまり万葉集の時代から酢はあったのですね。

酒と酢は関わり合いが深く、酒があれば酢ができます。酒のアルコール分と空気を取り込んで酢を作り出す微生物を酢酸菌といいます。酢酸菌は皆さんの家にもいます。昔、酒が腐ると酢になるとよく言われていました。酒が腐るということは、酢酸菌がついてアルコール分と空気を取り込んで酸に変えていくということで、これは酢の製造工程と同じです。日本では古くから稲作が盛んであったため、米から作る日本酒を原料とした酢が生まれてきました。米酢というものです。フランスやイタリアではワインを原料としたワインビネガー、ドイツやイギリスでは麦芽を原料としたモルトビネガーという酢が発達しました。アメリカではアップルビネガーという酢が盛んに作られています。世界には色々な酒がありますが、これらを酢にして、それぞれの地域で発展させてきたのです。

村山造酢のなりたち

私の会社の創業は一七二〇年前後といわれています。江戸時代、八代将軍吉宗の頃に備前の国から京都に来て商売を始めました。当初は酒、醤油、味噌などの醸造品を扱っていたそうです。

吉宗の享保年間の前に元禄時代があります。この時代に京都では宮崎友禅が友禅染を始めましたが、この色止めに酢が使われていました。この酢の原料は、伏見の酒所で酸廃したり売れ残ったりした酒を仕入れ、酢に変えて色止めにしたそうです。

江戸時代後期には京都には多くの酢屋があったそうですが、現在では、京都で九社、全国でも一八〇社程度になってしまいました。というのも上位の五社が製造量の九割近くを占めている状態だからです。私の会社の製造量も全国の〇・二%程度です。

私の会社は、私で十代目になりますが、酢の醸造に特化してからは五代目になります。私の父は大阪大学で発酵の研究をしていました。私の祖父が亡くなった時、父は助教授に昇進できそうだったので、会社を継がずに大学に残ろうと考えたようです。しかし、会社の得意先の店の主人に叱られ、継ぐことにしたそうです。

私は昭和二十二年(一九四七)年生まれですが、大学生の時代は今と違って非常に景気が良く、就職の説明会に東京に行く場合でも、各会社から交通費が出るような時代でした。そのため私は大学卒業後、会社を継がずにサラリーマンになろうとしました。ところが、私の意図を察した父は、自分が会社を継いだ経緯を私に話して諭しました。そして、私は三年の間、修業のために食品商社に勤めた後、会社を継ぎ現在に至っています。私の息子も同じように、最初は会社を継ぐ気はなかったようですが、幸いにも継いでくれるようです。

酢ができるまで

大まかな流れ

まず、米を洗います。私の会社では米は福井の「日本晴」を使っています。吟醸などの酒を作るときは米粒が大きなものを使いますが、酢の場合は普通の大きさのものを使います。

次にこし器という非常に大きな蒸器で米を約四十分から五十分蒸します。

約四十度に冷ました蒸米を室《むろ》という発酵室に運び、麹を作るために麹菌を蒸米にかけます。麹菌を植え付けたものを布でくるんで六時間ほど置いておきます。

次に、床もみ作業を行います。これは麹菌を植え付けた米の表面に傷を付け、麹菌が米の内部にうまく入るようにする作業です。これがうまく入らないと米が溶けません。温度が三十度、湿度が八十%くらいの部屋で行うため、かなりの重労働です。これを布でくるんで半日ほど寝かしておきます。

次は、固まりになった米をサラサラにする工程です。サラサラになった米は一畳位の床に葺かれて、麹菌を増殖させます。これは一日ほどかかります。こうして蒸してから二日後に麹米となります。麹米は湿っているのでしばらく乾燥させます。

次に麹米に水と新たに米を加えて、小さなタンクでアルコール発酵させます(酒母)。酒母をスターターにさらに麹米と水、そして蒸米を加え本仕込に入り、一ヵ月程で原料の酒ができあがります。その酒に生きた酢酸菌の入った種酢を加えます。皆さんが使う酢は殺菌処理がされているので酢酸菌は死滅しています。種酢をもろみ(酒)に加えると、表面に白いチリメン状の膜ができますが、これが酢酸菌が活動する菌膜です。この下で酢酸発酵が起こって、酒のアルコール分と酸素を取り込んだ酢酸菌が原料を酢に変えていき、できあがったものをろ過して最終的に酢になります。私の会社では、酒から酢になるまで約二ヵ月かかります。

二つの醸造法

私の会社では、表面発酵(静置発酵)と全面発酵の二つの醸造法を使っています。

まず、表面発酵ですが、仕込みタンクの中に酒と種酢を加えると、種酢の中の酢酸菌は空気を取り込むため表面に上がり、酒のアルコール分と空気を取り込んで、発酵をはじめます。酢になると元の溶液よりも若干重いので、下の方に沈んできます。対流しながら漸次、酒から酢に変わっていくのです。メーカーによっては菌膜をそのまま新しい仕込みタンクに移すところもありますが、私の会社ではでき上がった酢の三分の一くらい残しておき、そこに再び酒を加えます。すると、残った菌が上昇して再び酢ができます。こうして、かば焼きのたれのようにつぎたしながら作っています。

全面発酵は、表面発酵と同じように発酵機に酒と種酢を入れ、撹拌器で撹拌しながら、空気を送り込みます。送り込まれた空気は泡になってタンク内に充満します。種酢の中の酢酸菌は上昇しなくても、発酵機内で空気とアルコール分をとり込み、酢酸に変えていくのです。表面発酵では空気と酒が一分の一ずつ作用しますが、全面発酵では空気と酒と酢酸菌が全面的に作用します。そのため、酢ができるのも私の会社では二十日間程度と速いです。

できた酢は、例えば一時間に百リットルずつ出すと、出した分だけ原料を再び加えるので連続的に酢ができていくことになり、効率良く醸造できます。

酢の分類と効用

醸造酢

ＪＡＳが決めた酢の分類規格では、大きく分けて「醸造酢」と「合成酢」があります。「醸造酢」は穀類、果実、野菜、その他農産物、はちみつ、アルコール、糖類を原料に酢酸発酵させた液体調味料で、かつ、氷酢酸《ひょうさくさん》または酢酸を使用していないもののことです。簡単にいうと穀物や果実を原料に酢酸菌によって作られた酢で、穀物酢、果実酢などが含まれます。「合成酢」は石油やカーバイドで作った氷酢酸、または酢酸の希釈液に砂糖類などを加えた液体調味料、もしくはそれに醸造酢を加えたものを指します。「醸造酢」の占める割合は全体の九十九％で、「合成酢」は一％にすぎません。

穀物酢は酢一リットルのうち米、小麦、コーンなどの穀物を四十グラム以上使っているものです。原料の割合はメーカーによって異なりますが、米の割合の多い穀物酢や小麦の割合の多い穀物酢など、原料の割合によって味や香りが異なります。また、穀物酢のなかでも米を酢一リットルのうち四十グラム以上使っていれば米酢に分類されます。二百グラム以上使っている米酢もありますが、これだけ使うと、米のにおいがしてきます。どの原料が多く含まれているから良いというものではなく、好みや料理によって使い分けるのが良いと思います。

果実酢は果実の搾汁の使用量が一リットル中三百グラム以上あるものです。昔は普通の酢に搾汁を入れていたのですが、今では果実から酒を作ってそれを原料にして酢を作るという方法でないと果実酢とは呼べなくなっています。

最近流行っている沖縄の泡盛や焼酎を作る過程でできる酒粕から作るもろみ酢の成分はクエン酸です。名前に「酢」とありますが、酢酸菌によって発酵したものではないため、本来は酢とは呼べないものですからラベルの表示には飲料と書いてあります。

酢の効用

酢には、胃液や唾液の分泌を促して食欲を増進する効果があります。暑い夏などには食欲がなくなりますが、酢のものなどを食べると夏バテを防ぐことができると思います。

殺菌・防腐作用もあります。夏には食中毒がよく起こります。黄色ブドウ球菌などが原因ですが、これらは酢につけると五分以内に死滅します。最近問題になったO157などは、大学の調査で次のようなことが分かりました。二合の米を炊いて三十度で二十四時間保ちます。スプーン一杯の酢を加えた場合とそうでない場合ではO157の菌の量が一四〇〇倍も違うということです。酢の殺菌作用は非常に強いことが分かります。また、防腐作用もあります。現在のように炊飯ジャーがなく、炊いたコメをお櫃に入れ直していた時代には、酢を入れて米を炊いていた家庭も多かったと思います。

減塩の効果もあります。成人病にならないためには塩分の摂取量を一日に十グラム以下にする必要があるといわれていますが、例えば、五グラムの塩で味付けするものを、塩を三グラムにして酢を加えても酢の味と香りで同じように食べることができます。この場合は、二グラムの減塩が可能になります。

さらに疲労回復の効果もあります。激しい運動をすると、体内に乳酸がたまってきます。乳酸はたんぱく質を硬化させる働きをします。たまに山登りをすると筋肉痛になりますね。これは体内に乳酸がたまった結果です。昔は、サッカーやラグビーの選手は休憩時間にレモンをかじるなどしていましたが、今ではスポーツ飲料を飲んで体内に乳酸がたまるのを防いでいるそうです。

京料理と酢

京料理の特徴

京料理は様々な文化が融合してできたものです。

京都には、一二〇〇年の歴史のある王城の地ならではの貴族文化が作った有職料理があり、また茶の湯が発達したことから懐石料理もできました。さらに仏教の中心地であることから精進料理も発展しました。

そして町衆の間で普及した家庭料理、おばんざいがあります。

有職料理と懐石料理はただ美味しさだけを求めるものではありません。食べるときの環境を非常に大切にします。食べる部屋、庭、料理を入れる器などです。西洋料理はシンプルな器で何度も運んでくるのですが、京料理は器もとても凝っていますし、食べるときに庭や床の間を眺めるので、掛け軸などにもこだわって何度も掛け替えます。単に食だけではなくて細かい心遣いを付加価値として付けるところが京料理の一番の特色ではないでしょうか。

京料理は郷土料理でもあり、現在では京野菜を使う店が増えています。京野菜は長らく廃れていましたが、今から十年ほど前に京都の料理組合が中心になって、壬生菜や水菜、聖護院かぶら、大根、鹿ヶ谷の南瓜、九条葱などを復興して、今では京都を代表するブランド野菜にまでになっています。京野菜は京都の土壌と気候条件からできたものです。元々四季のはっきりした日本の中でも京都は特にはっきりし、一日の中でも朝晩と昼では寒暖の差があります。同時に農家の人々の職人的な野菜作りの技術が加えられるので、他の地域の野菜に比べて複雑で奥ゆかしい味になっていると思います。例えば、筍は、地方では竹やぶに生えた筍を取って出荷するだけですが、京都では一手間かけて、竹やぶ一帯に落ち葉を敷いてわずかに出てきた筍を取るため、とても柔らかく美味しい筍が取れます。

そのような京野菜の加工品に漬けものがあります。一般の漬けものは塩で漬けて、保存が効くようにしたものですが、京都のしば漬けは茄子と茗荷で漬けこんだものに紫蘇を入れて保存性を高めています。上賀茂のすぐきは乳酸発酵を利用したもので、独特の風味があります。

大豆の加工品の代表には豆腐があり、豆腐を加工したものには油揚げやがんもどきなどがあります。湯葉もありますが、地方では湯葉の使い方を知らない人が多いです。その他、白味噌もあり、赤味噌に比べて塩分が半分程度です。

小麦の加工品には生麩があります。これも地方では調理法を知らない人が多いですが、あんを包んで麩饅頭にしたりします。

また、京都は海から遠いので昔は琵琶湖に住む淡水魚を主に食し、鯉、諸子、鮎などは飴炊きや塩焼きにしていました。琵琶湖からは半日もあれば京都に着きますので、当時は需要も供給も多かったようです。

海の魚は塩漬けにして運んできました。京都の代表的な食べ物として鯖寿司がありますが、塩漬けにされ保存性を高めた鯖は、福井県の小浜から鯖街道を通って大原、八瀬を経て京都に入ってきました。また、小鯛が若狭や丹後の方から周山街道を通って運ばれてきました。これは笹にくるまれて運ばれてきました。笹には防腐作用があります。

江戸時代の中頃からは、北前船で北海道の食材である昆布や鰊などが、滋賀から琵琶湖を渡って京都に運ばれました。鰊は身欠き鰊の状態で運ばれ、京都では鰊そばとして食べられ、昆布は京料理の代表的な味付けである昆布だしとして使われてきました。京都では利尻昆布を使うことが多いようです。四国からは鰹節が入ってきました。鰹節と昆布で取っただしは絶妙な味になります。だしの旨味は外国人にはあまり理解できなかったようですが、最近ではこれが料理に重要な存在であることが認識されつつあります。

瀬戸内海からは鱧が入ってきました。鱧は非常に生命力の強い魚で、京都についてもまだ噛みついてくるといわれていたほどです。七月の祇園祭の頃には鱧の落としや鱧寿司などがよく食べられます。

京都は内陸の地なので、保存性の高いものがよく食べられていたことが分かります。地方では食材を生のまま蒸したり炊いたりするのが普通ですが、京都では保存のために一工夫して調理するのが普通でした。それは新鮮な食材がなかなか手に入らない環境の下で、なんとか保存性を高めようとして考え出された知恵で、塩蔵や酢を多く利用していました。京都の食において酢は非常に大きな意味を持っていたわけです。

また、京都の酢は京料理に適した酢です。これは長い歴史の中でできたものです。刺激臭が少なく、まろやかな味で、京料理の特徴である素材の持ち味を生かします。しかし、最初からこのような酢ができたのではありません。醸造しているときに、たまたま野生の酢酸菌が入って、まろやかな味や刺激臭の少ない酢ができたのです。これを種酢として残しておき、それが積み重なって、今日の特徴的な酢ができ上がりました。京料理では酢はあくまでも料理の脇役で表に立ってはいけません。これは他の調味料も同じだと思います。

お寿司と酢

寿司の起源は、三世紀頃に中国から入ってきたといわれています。中国では寿司には塩蔵したものと、米・粟・稗を乳酸発酵したものの二つの意味がありましたが、日本にはこれらを区別せずに入ってきました。

最初の形は魚に米飯を詰め込んでしばらく置いて乳酸発酵させた保存食で、今でいう滋賀県の鮒寿司に近いものだったようです。鮒寿司は三月から四月に仁五郎鮒《にごろぶな》や源五郎鮒を塩漬けにして、六月から七月に塩抜きして米飯を詰め込みます。そして一年間ほど熟成させると乳酸発酵によってあのような味になるわけです。本来は魚の部分だけを食べます。これを熟《な》れ寿司といいます。

これが室町時代になると、生熟《なまな》れあるいは半熟《はんな》れといいますが、ご飯も食べるようになり、この頃には酢も商売として成り立つようになります。その頃、箱寿司や押し寿司が大坂中心に成立しますが、作ってすぐに食べるものではなく、三時間後や十二時間後に食べるもので、保存性を高めるため非常に糖分が多かったようです。

最後に早寿司・にぎり寿司が登場します。江戸時代の文化・文政の頃、一八一〇年頃です。江戸で花屋与兵衛さんという人が屋台を出して、江戸湾の細魚《さより》など小魚を開いて飯の上にのせて売ったのが始まりとされています。今でいうファストフードです。これに使われるようになった酢が粕酢《かすず》と呼ばれています。これは酒を作ったときの副産物で酒の粕が原料です。粕酢は今の愛知県で、現在の日本最大の酢メーカーの先祖が作り始めたものです。この会社は元々酒屋で、野原に山積みにされた酒粕を利用する方法として考え出したものです。酒粕を二、三年密封貯蔵すると、アルコール分やアミノ酸などの栄養分が増えてきます。色も真っ白から赤色に変わります。それを湯や水で溶かすと、酢酸菌が働き粕酢ができ上がります。赤い色をしているので赤酢といいます。現在では、年々酒の生産量が減り、また酵素で米を溶かす方法（融米）が開発されたため、酒粕も少なくなりました。このため赤酢も減ってきていますが、東京のこだわりのある寿司屋では今でも使われています。

歴史的には、関東の江戸前よりも大阪の箱寿司・押し寿司のほうが古いです。大阪では「鮓」という字を使いました。一方、江戸では「鮨」という字を使いました。現在でも東京の寿司の組合は「鮨」を使っていますが、大阪の組合は「鮓」を使っています。京都では「寿司」という字を使います。現在ではあまり区別はされませんが、寿司屋で、これらの使い方を見て、寿司職人が関東で修業したか大阪で修業したかが分かります。

京の食文化の脇役として

現在、郷土料理というものが少なくなってきています。その理由として、全国的に人の流入・流出が激しくなり、そのことで地域の食習慣や食の好みも多様化したことが挙げられます。このような状況のなかで食品メーカーは、誰にでも好まれる食品を作らざるを得なくなり、全国的に同じようなものが食べられるようになったのです。京都は一二〇〇年の歴史のある食文化に支えられた町です。京都の食べ物を地方で売ろうとしても、京都の味付けが全国的に好まれるわけではありません。例えば、京都の千枚漬けは昆布を多く使っているのでねっとりしていますが、地方では浅漬けのようにしないと売れません。こうして本物が次第に少なくなっていく傾向にあるのです。全国で味が均一化すると旅行しても楽しみが少なくなります。地方独自の文化や食べ物を楽しむためにも、郷土料理はなくしてほしくありません。特に、京都は豊かな食文化がある町なので、この文化をなくすことは絶対にあってはならないと思います。私の会社は、京の食文化の脇役として今後も貢献できればと思っております。

【平成二十二年九月十五日「酢てきなお話」より】

村山 忠彦（ムラヤマ タダヒコ）

1947年、京都府生まれ。
1971年、同志社大学卒業後、株式会社小綱を経て、1974年、村山造酢に入社。
1997年、代表取締役に就任し、10代目当主となり、現在に至る。
公益社団法人京都府物産協会副会長を務める。

村山造酢 株式会社（ムラヤマゾウス）

1716 ～ 1736 年（享保年間）に創業。当初酒、酢、醤油を扱っていたが、酢の需要が多くなるにともなって、酢の醸造を専業とする。商標「千鳥」は古歌“加茂川や清き流れに千鳥すむ”にちなんで名付けられ、「千鳥酢」は 1200 年の京の食文化に育まれ、そのまろやかな味と香りは、全国的に評価を得ている。
京都市東山区三条通大橋東三町目 2
電話：075-761-3151
FAX：075-751-9119

十

彩雲堂

自分たちの作る絵の具で国宝が生まれることを夢見て

藤本築男

上から「土絵の具」「顔彩」「にかわ」「岩絵の具」

日本画の近代化とともに歩んできた老舗

絵の具屋の草分けとして創業

創業何年かははっきりしていませんが、私で四代目、現在六十五歳(平成二十二年当時)です。おそらく明治の初め頃、絵の具屋として創業したと思います。彩雲堂になる前は伊勢熊《いせくま》という屋号平成二十二年当時でやっておりまして、初代は伊勢屋という漆関係の店の分家であったと聞いています。

いささか自慢させてもらいますと、明治三十(一八九七)年に洋画家の伊藤快彦《いとうやすひこ》さんが書かれた文章に、私の店で作っている絵の具は「舶来のものにも勝るとも劣らない」という言葉が残っています。洋画の材料が入ってきて製造されたのが明治の初め頃ですから、当時の洋画家の方にそういう評価をいただくことは、画材店としても草分け的な存在だったのではないかと推察します。

また、漆を扱っていた関係上、早くから絵の具の素材である鉱物系統の石などを多く扱うことができたため、大正から昭和初めの色見本にはすでに二六〇色以上掲載していました。おそらく、他の文献・資料などを見ても日本で一番多くの色数を扱っていたのではないでしょうか。そういうところからも明治以降、日本画が近代化された時代とともに歩んできたという自負を持っております。

彩雲堂の名前の由来

彩雲堂という名前を私は非常に気に入っております。これは富岡鉄斎《とみおかてっさい》先生に名付けていただいたと聞いています。では彩雲とは何か……。ご存知の通り、光には色がないですね。ところが、光をプリズムに通すと色が現れます。自然現象のなかでいえば、雨の後の水蒸気がプリズムの役目をして虹を作ります。

彩雲というのは、太陽のそばを雲が通った時にごく稀に現れる現象のことで、雲中の細かい水蒸気の粒がプリズムの働きをしてできる虹色に光り輝く雲のことを指しています。

京都のものづくりにも活用される商品

お客様のなかで日本画を描かれる方は、アマチュアからプロまで入れて七、八割くらいでしょうか。その他の二、三割は日本画家という枠に収まりきらない方です。普通のお店では、おかしな話なのでしょうが、それが京都のすごい所ですし、本当にありがたいと感じるところです。

京都には伝統産業、伝統工芸がたくさんあります。それらの職業の方が、私の店に絵の具や筆や日本画の材料を求めに来られるのです。

例えば、着物には絵が描かれていますが、あれは染料で絵を描きます。手描き友禅の場合、型染めは特殊な筆を使いますが、普通に手描きする場合は日本画の筆で描けます。大変水っぽい染料なので、それに合った筆といえば、日本画の水絵の具の筆になるのです。時には、顔料を使って一部を彩色する技法も使っていらっしゃいます。さらに、もとになる絵を描いておられる方、図案家の先生方は、当然日本画の絵の具や筆を使って図案を考えていらっしゃいます。

また、仏像、彫刻などに彩色される方、あるいは人形作家さんも、胡粉を塗ってそこに顔を描かれています。この場合の筆と絵の具も、日本画と同じです。能面もそうです。

清水焼などの焼き物では、最後の絵付けをする場合の絵筆等がそうです。ただ、後絵の場合、直接日本画の絵筆を使って描かれることはありませんが、写生やら図案を考える際に使っていらっしゃいます。当然、団扇や扇子に描かれている絵を描く方にも来ていただいています。

家族で支えてきた家業

私が店を手伝うようになったのは二十歳過ぎですが、戦後間もないこともあり、絵のプロの方も少なく、戦前プロだった方も絵では生活することができずに染色作家やサラリーマンになっていらっしゃいました。

頑張って日本画を続けておられる方が非常に少なかったので、店の経営も大変苦しいときがありました。祖父と母が店を守り、父が公務員になって勤めに出ていたおかげで生活ができていました。細々とわずかなお客さんのために絵の具を作り続けた祖父と母から私は絵の具の製造の技術を教わりました。

退職した後、父も手伝ってくれましたが従業員をたくさん雇えるほどではないので、今でも家族だけでやっております。これからも日本画の絵の具の伝統を守って作り続けるため、材料の確保、製法の維持に努めていくつもりです。

伝統的な製法で作る絵の具は皆さまに喜んでいただけますし、私どもの絵の具で描かれた作品が将来国宝になるかもしれないと思うと、こんな喜びはないと思っています。

絵画を生み出す「色」

色を生み出す色材の一つに光があり、プリズムを通った光は目に見える色になります。これ以外にも地球上には染料、顔料と呼ばれる色があり、大まかに分けると水に溶けて水の色が変わるものが染料、水に溶けずに沈澱して水の色が変わらないものが顔料です。

染料には、天然染料と合成染料があります。天然染料は動物や植物から抽出したもの、合成染料はそのような色素を化学合成によって作りだしたものです。

顔料には無機顔料と有機顔料があります。無機顔料は天然の鉱物や自然界に存在する石、土、新たに作られた化合物などを指します。代表的なものに群青《ぐんじょう》、緑青《ろくしょう》、辰砂《しんしゃ》、黄土《おうど》、雲母《うんも》(きらら)、ラピスラズリ、人工のものなら水銀と硫黄で作る本朱《はんしゅ》、鉛から作る鉛白《えんぱく》、銅から作る花緑青《はなろくしょう》、鉄から作る岱赭《たいしゃ》やベンガラなどがあります。余談ですが京都では紅い格子をベンガラ格子といいますが、昔の音楽のテープやビデオテープが茶色いのはこのベンガラが使われていたからです。有機顔料は天然染料のえんじや藍、合成染料のアリザリンとかカーマインレッドとか、インディゴ藍、柿渋などに体質顔料を入れて固形化させたものです。天然の木の樹脂や貝殻等も有機顔料にあたります。

色の材料を大まかに分けましたが、絵の具にするためにはこの色材を物に定着させなくてはなりません。単純にいえばひっつけるということですね。染料の場合は物に染み込ませることによって色を留めるわけです。水に溶けない鉱物系のものを物に定着させるためには、必ず糊がいります。この糊と色材を合わせたものを絵の具と呼んでいます。

絵の具の数だけ絵画技法がある

紀元前十世紀から十五世紀頃、フランスのラスコーにある洞窟に壁画が描かれました。そこで使われている色は、「木が燃えた黒色」「黒い土（酸化マンガン）」「黄色い土（酸化鉄と粘土）」「茶っぽい土（酸化鉄）」「赤っぽい土（酸化鉄）」などで、色数はかなり少ないものだったといいます。また、これらの色材には糊が全く入っていません。ですから、壁に描かれていたほとんどのものは自然に風化して消えていってしまいました。わずかに現存しているものは、壁の一部分に多少でも色材を吸い込む性質を含んだ壁で、染み込むことによって色が定着したのです。

それは単なる偶然だったかもしれませんが、染み込めば残るということを人類が学び、最初の絵画方式として「壁に絵を描く」フレスコ技法が編み出されました。

壁に絵を描く場合、まず壁を塗り、壁がまだ湿っている間に水で溶いた色材を付けていきます。そうすると、染み込んで、乾き、定着します。こうやって絵画を後世まで残すことができるようになりました。いわば、布に染み込む染料のようなものでしょうか。接着剤がなくても絵を残すことができる方法が開発されたのです。それが、時代とともにだんだんと進歩していきました。

壁だけでなく、あらゆる所に絵を描く必要が出てくると、どうしても糊が必要になってきました。そこで、ヨーロッパでは、色材をより定着させるために、卵で溶くという方法が考え出されました。確かに卵は粘り気がありますよね。それを接着力として利用したのです。これをテンペラ画といいます。

次に板に色材を定着させる方法として色材を油で練るようになりました。油が糊になるわけです。しかし油は非常に乾きにくいものなので、一度色を塗って、その上に別の色を乗せようとすると、何日も待たなくてはならないという問題が出てきました。そこで早く乾かすために酸化促進剤として、一酸化鉛などを入れるようになります。このように絵の具を使いやすいものにするための改良が進み、現在の油絵の具になりました。

十六世紀になると、木から採れる樹脂、一種のガムを糊として色材と混ぜ合わせる技法が生まれました。これが今日の水彩絵の具となるのです。この一種のガムは、昔は切手の裏に塗ってありました。舐めると粘着力が戻り、封筒に貼ると乾いてひっつきましたよね。

「色」を生み出す原料・色材

自然界にある鉱石や金属の粉末

最初はラスコーの壁画にもあるように、炭や地面にある土の色が中心で、非常に少ない色数しかありませんでした。

ところが、エジプトや中国では、紀元前から青銅器を作り、地面から銅の鉱石を取り出し精製する技術を持っていました。また、錫《すず》を取り出し、錫と銅を合金にする技術もあり、現在でいう化学がすでに浸透していたのです。このような硬い金属ができると、容易に砕く技術も開発されます。その技術を応用して固い石や金属を砕いた粉末と糊を混ぜた絵の具が生まれたのです。

これらの自然物は、砕くと塊よりも少し浅くはなりますが、きれいな色ができます。例えば東洋では、ラズライト。群青という石ですが、見事なブルーです。東山魁夷《ひがしやまかいい》さんや平山郁夫《ひらやまいくお》さんといった、著名な画家の先生方が使っておられます。アジア、特に日本で一番好まれている一番高価な絵の具です。それから、マラカイト。日本では孔雀石《くじゃくせき》といいますが、緑青ができます。石は縞模様のきれいな石です。辰砂の赤い色、これは水銀の結晶です。水銀は不思議な性質を持っていて、固体にもなり、液状にもなり、ガスのような気体にもなる唯一の存在物です。このようなものを取り出すことで、色数は増加し、色味も鮮明になっていきました。

また、色の濃い淡いは石の粒の粗さで決まります。細かくすればするほど色は白っぽくなり、指で粒子が分からないくらい細かくすると、ほとんど白になってしまって色として使えません。粒々の状態を残すことで、色の濃い淡いを表現します。

化合させて色をつくる

それでも自然のものだけでは限界があります。また、せっかくきれいな色を出したのに、時間の経過と共に黒ずんでしまうものもあります。そこで、色材を化合させる方法が使われ始めました。たとえば、赤い辰砂に、硫黄を化合させることで黄色がかった〝朱色〟ができました。混色ではなく、化合つまり溶け込ませて別の物体を作ります。本朱は漆塗りの朱色にも使われています。鉛や方鉛鉱《ほうえんこう》という石を化学変化させ、白やオレンジ色や黄色を作り出します。方鉛鉱は、ただ砕いただけでは少しねずみ色がかった色で、白くはなりません。ましてやこれから黄色や朱色を生み出すには、化学の力を利用するしかないのです。

このように化学的な変化を起こして新しい色を生み出し、色数は飛躍的に増えていきました。中国では紀元前から化学の力を使っていたので、日本にもかなり早くから入ってきたようで、高松塚古墳の壁画には鉛白などがすでに使われていました。

色の成分になる金属類を化学的に作り出す

ヨーロッパでは色の成分を化学的に作り出すことで、粒子がなく色だけが残ったものと油を溶き合わせて、よく伸びる油絵の具を安価に作りはじめました。

歴史は非常に古く、多くの石の成分を化学的に作り出しました。例えば、プルシアンブルーができたのは一七〇四年、コバルトグリーンは一七八〇年、コバルトブルーは一八〇二年です。カドミウムイエローは一八一七年、ウルトラマリンブルーは一八二八年、カドミウムレッドは一九一〇年、酸化チタンが一九一六年……。有機顔料、無機顔料問わず、ものすごく早い時代に、ヨーロッパでは色の成分を作り出しています。こういったものが江戸時代に日本にも入り、浮世絵版画などにも使われました。ベルリンで作られたものをベロ藍、またはドイツのことを昔はプロシアといったので、プルシアンブルーともいいました。万年筆のインクのブルーです。こういった化学的にできた色が、江戸時代に使われているのは面白いですよね。江戸時代は鎖国のイメージがありますが、実に様々なものが入ってきているということが分かります。

油絵の具の保存・チューブ

色材と接着剤の混合物である絵の具をより使いやすいものにしていくために化学がどんどん進むと、今度は保存に困るようになってきます。

油絵の具ですと、早く乾かすために酸化促進剤の一酸化鉛などを入れますが、それでも描いてすぐ上書きができるわけではなく、乾くまで一定の時間を待たなくてはなりません。油と色が混ざった絵の具をそのままにしておくと、絵に塗ったものと同じように乾いてしまい、やっと上書きできるようになったときに使えなくなってしまうため、保存することが必要になります。そこで、ソーセージのような感じですが、ヒツジの腸の中に絵の具を入れて保存する腸詰めという方法が考えだされました。それが今のチューブの原型です。

日本の絵の具

最初の接着材・漆

紀元前に中国で漆が発見され、この漆を糊として使用し、色材を混ぜて絵の具を作りました。漆を使った作品としては、日本では飛鳥時代の『玉虫厨子《たまむしのずし》』が挙げられます。面白いことに、その一部から一酸化鉛が出てきました。これは油を乾かす酸化促進剤です。つまり、『玉虫厨子』の一部に油絵の技法が使われていたということです。一酸化鉛のことを日本では密陀僧《みつだそう》と呼んでいました。この密陀僧を使って描かれた絵を密陀絵といい、日本でもこの頃から油絵の技法が存在していたということが分かります。ただ、それが後世に受け継がれなかったようです。

にかわ

時代が下るにしたがって、板に描く以外にも、布に描いたり紙に描いたりするようになりました。それとともに東洋では、〝にかわ〟が糊として使われるようになりました。〝にかわ〟は、動物の骨や皮を煮詰めて出てくるゼラチン質にあたります。よく炊いた魚を冷蔵庫に入れておくと、煮汁が固まって〝煮凝《にこご》り〟ができますよね。この〝煮凝り〟が接着剤の役割を果たすと考えてもらえば分かりやすいと思います。魚の〝にかわ〟ではやや接着力が弱いため、日本では動物、特に鹿などの〝にかわ〟が主流を占めたようです。

しかし、〝にかわ〟は非常に保存しにくいという欠点があります。まず、水溶性で乾きやすいために、いったん色材と〝にかわ〟を混ぜたら使い切ってしまうことが原則です。残すと皿の中ですぐに固まります。当然、画面の絵も乾けばすぐ固まります。ですから、非常に扱いづらい絵の具だと思います。乾きやすいと絵は早く仕上がって、すぐ上塗りの仕事ができるのですが、余った絵の具の保存は非常に難しくなります。しかも〝にかわ〟は非常に腐りやすい性質をもっているので、必要なつど炊いて、色材と混ぜて使わなくてはなりません。実は現在でも保存方法は存在しません。そのため、今でも日本画家の方は、〝にかわ〟を炊いた液と絵の具を皿の上で必要な量だけ混ぜて画面に塗り、足りなければもう一度同じ作業を繰り返して制作されています。

ほぼ永久に保存できる絵の具・墨

ただ、墨は〝にかわ〟を使っているのに保存できます。すごく古くからあるものですが、煤と〝にかわ〟を混ぜて固めたもので、硯《すずり》というおろし道具で摺る作業によって液状に戻ります。多少ですが色墨といわれる墨もあります。硯を用いて摺ることで固まっても使用でき、ほぼ永久に保存できる絵の具が誕生したといえます。

箔

それ以外に、金や銀など金属そのものを絵の具にすることもあります。ただ、金属の塊をそのまま粉末にするのは非常に難しいので、東洋では箔を作る技術が非常に進みました。貴金属としては厚いものに値打ちがありますが、使う道具としての箔は、薄いものほどほど高度な技術が使ってあるということになります。そして、金泥などを作っている店では、箔を使いながら、高い技術力を駆使して、金泥とか銀泥とかプラチナ泥等というものを絵の具として生み出しているのです。

自然素材の特徴を生かす工夫を重ねて

水絵の具について

明治の初め頃、創業者が墨の形以外で絵の具となる水絵の具の開発に成功しました。皿に入っている絵の具で顔彩《がんさい》といいます。これは筆と水だけで溶いて、すぐに使えます。

しかし、顔彩の使い方には条件があります。筆で水を付けて表面をこすって溶けるということは、〝にかわ〟の量が少ないということです。〝にかわ〟の量が少ないと、にじまない紙に描くには接着力が足りません。そのため、にじむ紙を使用し、紙自身の吸い込む力を利用することで〝にかわ〟が少なくても影響なく紙に定着できるようにしております。原料は様々なので、〝にかわ〟の量を調整する作業は非常に難しいです。

顔彩よりも少しだけ〝にかわ〟を強くした絵の具に棒《ぼう》絵の具があります。これは、固形ですが、墨ほど固くはありません。皿で溶けるのですが、顔彩ほど緩くはないので、にじまない紙に描いてもぎりぎり定着します。墨だと紙の種類如何では、濃く描くと紙が縮むことがあります。そこまで〝にかわ〟の接着力が強いと、日本の絵画保存方法の一つである裏打ちや表具をする場合はかえってマイナスになります。裏打ちや表具に耐えるだけの接着力と、少しの重ね塗りができる程度の強さが最適なのです。

この棒絵の具ですが〝にかわ〟を使うものは八割程度で、二割は〝にかわ〟入りではありません。これは原材料自体が接着力のある樹液などで〝にかわ〟が不要なものだからです。

現在、日本画には様々な絵の具が使われています。顔彩や棒絵の具などの水絵の具は、水墨画にもよく使われます。これらの絵の具は少し透明度があります。

実は、私の店では百年以上、黒色の絵の具は作っておりません。なぜなら墨があるから、黒色を作る必要がないのです。その代わり、墨に合う色を作らなくてはなりません。

墨を薄めて画面構成をする場合など、薄墨の部分は透明度をもった黒色になります。半透明くらいですね。薄墨の部分の下に何か別の色が塗ってあると想像してください。黒々とした墨を塗ると下の色は隠れますが、薄い墨を塗ると下の色は消えずに残りますよね。これと同じで墨と合う水絵の具は、塗ったときに半透明くらいになることが必要です。半透明の絵の具を作るには、様々な色材をできる限り細かくし水に色材を沈澱させ、沈澱する前に水中に浮き上がるきめの細かい顔料、すなわち上澄みだけを集めて取り出します。下には重たい粒子のあるものが沈澱します。この沈澱したものを使うと、透明度のないものができます。

土絵の具、岩絵の具について

土《つち》絵の具について説明します。これは、水干《すいひ》絵の具や泥《どろ》絵の具とも呼ばれ、天然鉱物を微粉砕したものや、それどうしを混色したものです。一番典型的な色が黄土です。これは白っぽくて多少黄色がかった色です。鉄分を含んだ黄色です。この中で一番きめの細かい上澄みを取ったら水絵の具にもなります。手で触っても粒子はありませんが、沈澱したものを使うと、透明度がない隠蔽力、物を覆う絵の具になります。下に黒色が塗ってあっても、黄土を塗れば黒色が完全に隠れてしまうのです。黄土の色づくりでは、鉄分を少し含んでいるので焼いて色を作るということもしています。焼く前は白っぽい色ですが、種類によっては茶色っぽいものに焼くこともできます。そのように焼いた黄土を組み合わせるだけでも二十色くらいは作れ、色数を増やせます。

岩《いわ》絵の具も、古くからある絵の具の材料を粉砕して作りますが、多くのものが細かく砕くと白くなってしまうので、粒の荒いざらざらな色材に作ります。ざらざらなので非常に塗りにくく、一粒一粒で下をカバーするように定着するので隙間だらけに見えますし、粒なので筆で塗っても伸びることがありません。非常に使いにくい絵の具ですが、購入されるお客さんはこれを上手に使っておられます。この絵の具は、画面に厚みや重量感を与えます。宝石に近いような石ですと、光の通し方によってはきらきらと発色して、実にきれいな色になります。代表的なものが、先に紹介しました群青と緑青です。焼き物の釉薬《ゆうやく》の色の部分だけを焼き、できた塊を砕いて作る、人工のものもあります。ガラス釉なので、光線を通したり反射したりして、天然の岩絵の具に似たような表情を作ります。

岩絵の具は、石をある程度細かくしたものをポットミルという道具の中に水と一緒に入れ、ぐるぐる回転させてつぶしていきます。ポットミルの中に金属玉を入れたり、石の球を入れたりすることもあります。

土絵の具では、乳鉢で原料の色を混合して練り合わせ、水を流して粒子の大きさを分けて精製し、板に干して乾燥させ、小さな板状にします。粉末のままでは粒子が細かすぎて、〝にかわ〟水を入れると糊の上に浮いてなじみにくいのです。しかし板状のものに〝にかわ〟水を吸い込ませると、少し指で押さえるだけで溶けていきます。昔、インスタントコーヒーに粉末のクリームを入れると粉末が浮いたり玉になったりしてなかなか溶けませんでしたが、今ではクリームが顆粒状になっているので、すぐ溶けるのと同じです。

水絵の具も同じようなことをしますが、さらに〝にかわ〟を練り機で徹底して練り合わせ、どろっとした状態のものを皿に入れて乾燥させます。〝にかわ〟は粘り気があるので、練り機を使ってよく練るようにしています。

奥深い絵画・日本画

欧米では、油絵の中に水彩絵の具を用いることや、その逆は見たことがないと思います。たいてい水彩画と油絵は、まったく別のものとして存在します。

しかし、戦前までの日本画の特徴の一つに、水絵の具、土絵の具、岩絵の具といった絵の具が一つの画面の中で混在することが多々ありました。ある所に岩絵の具が塗ってあって、その左の水の部分には水絵の具の藍が塗ってあって、また別の所は墨で何かが描いてあってと、一つの画面の中に様々な絵の具が使われているのです。さらに、一部に金箔が貼ってあるものもあります。そのため日本では、多くの絵画の名称があります。墨で描いた墨絵、それに水絵の具を足したものは水墨画、書画共存形式のものを俳画、プロではない人が描いたものを文人画など……。画面の中に単独の絵の具しか使っていないものもあれば、混合して表現するなど多くの種類が描けるのです。墨だけで描かれる墨絵も日本画の一つの表現方法で、長谷川《はせがわ》等伯《とうはく》の『松林図屏風』はいつの時代も人気があります。東山魁夷さんや平山郁夫さんが描いておられる、岩絵の具のざらざらだけで画面を埋めるものも日本画です。日本画は幅広いのです。画家さんがそれぞれの感性に基づいて、絵の具を使い分けて表現されているので、何かを日本画、何かを墨絵だとかいって区別せず、全てを日本画として理解してもらいたいと思います。

今では墨絵や水墨画の掛け軸を床の間などに掛ける家も少なくなりましたが、アマチュアの方が水絵の具で絵手紙や年賀状の作成されて楽しまれています。〝にかわ〟を使う土絵の具や岩絵の具も、プロだけの道具ではなくなってきており、カルチャーセンターなどで使っている方も見かけます。アマチュアの方々が日本画の絵の具で楽しまれていることは、絵の具屋にとって非常にありがたいことだと思います。

日本画材は扱いにくいと敬遠されがちだった時期もありますが、様々な方に気軽に使ってもらえる絵の具をこれからも作っていきたいと思っています。

【平成二十二年十二月十五日「京の絵ノ具「京の文化と暮らしの色」」より】

藤本 築男(フジモト ツキオ)

1945年、京都府生まれ。
1968年より家業に携わる。4代目社長。

彩雲堂(サイウンドウ)

100 年来の伝統的な製造方法により、水墨画材料および日本画材料を製造、販売している。
京都市中京区姉小路通麩屋町東入姉大東町 552
電話・FAX：075-221-2464

十一

本家 尾張屋本店

菓子屋から蕎麦屋へ 京の名水が育む伝統ある庶民の味

稲岡傳左衛門

上から二番目「蕎麦がき」、四番目「宝来蕎麦」

蕎麦文化のなりたち

縁起物として愛されてきた〝蕎麦〟

身近な食べ物の代表〝蕎麦〟。江戸時代には庶民の味として広まり、長く人々に愛されてきました。皆さんも夏の暑い日にツルツルっとざる蕎麦を食べたり、冬の寒い日に温かいだしと一緒に楽しんだりされたことがあると思います。

蕎麦と聞くと、年越し蕎麦を思い浮かべられる人も多いと思います。では、なぜ年末に蕎麦を食べるのかご存知でしょうか。

晦日《みそか》蕎麦(年越蕎麦は旧正月、晦日蕎麦は十二月三十一日)の由来には多くの説があります。よく聞かれるのが、蕎麦が細くて長いので、長寿や一家の繁栄を願うためという説ですね。その他、江戸時代の商家では毎月の晦日(月末)が集金日で大変忙しかったため、立ってでも食べられる蕎麦を晦日の日に食べた習慣が年末の大晦日にのみ残った説、蕎麦が切れやすいことから一年間の苦労や借金を切り捨て翌年に持ち越さないように願った説、後ほど詳しくお話しますが、鎌倉時代に博多で飢饉が起こったとき年の瀬に承天寺で「世直し蕎麦」と称して、庶民に「そば餅」を焼いて配った説などがあります。

しかし私が信じているのは、蕎麦が宝を集めるという説です。室町時代の頃より、金箔の職人が日々の仕事で飛び散った金を集めるために、蕎麦粉をまいて掃き集め、ふるいにかけて飛び散った金箔だけを取り出していました。そこから、蕎麦が宝(金)を集める材料として「縁起が良い」と、年末に蕎麦を食べる風習が広まったとされています。これが私たちの業界では、ほぼ通説になっていて、宝が来る〝宝来〟という別名もあるぐらいです（宝来無盡《ほうらいむじん》）。

私の店にも〝宝来蕎麦〟というありがたい名を付けた尾張屋特有の品があります。これは私の父が考えたもので、象彦《ぞうひこ》製の京漆器の意匠と京の器に天ぷらのあられ揚げ、海老のあられ揚げ、錦糸卵、椎茸の甘辛く炊いたもの、当然わさびやもみじおろしなど八種類の薬味を盛り付けて、五段の塗りの器に蕎麦を少しずつ入れて出します。蕎麦の上にお好みの薬味を乗せて、だしをかけてぶっかけにして食べる趣向になっています。ぜひ機会があれば、一度ご賞味ください。

日本では西暦四五〇年頃よりソバが農耕栽培されるようになったといわれています。養老六（七二二）年には、元正天皇の「勧農の詔《みことのり》」で飢饉の備えとしてソバの栽培を取り入れるようあったと『日本後記』に記載があったので、すでにこの頃には普及していたと推測できます。

では、最初はどのように食べられていたかというと今のような蕎麦ではなく、〝蕎麦がき〟と呼ばれる蕎麦粉をお湯や水で練ったものに醤油や味噌などで味をつけて食べていたようです。最近の話ですが、三十三間堂の近くの法住寺《ほうじゅうじ》に親鸞聖人が蕎麦を食べている木彫りの像が現存していると京都新聞で発表されました。

鎌倉、室町時代になって、ようやく現代の蕎麦の原型である〝蕎麦切り〟ができ始めます。中国に修業に行った禅僧が菓子や麺類の技術を持ち帰り、お寺の中で作って食べていたようです。蕎麦の技術を著しく発展させた人物に、東福寺を建立された聖一国師《しょういちこくし》という禅僧がいます。一二〇〇年代に宋の国から、水車小屋式の製粉機の図面を聖一国師が持ち帰ったことにより急激に製粉技術が進歩し、蕎麦が普及するきっかけになりました。帰国した聖一国師は、東福寺建立前に博多承天寺を建立し、そこで布教活動をしていました。その頃、九州北部一帯が大規模な飢饉になったため、その年の瀬に蕎麦餅を「世直し蕎麦」として民衆に配ったそうです。〝蕎麦がき〟を団子にして焚き火で焼いたようなものだったそうで、その翌年から豊作になったという言い伝えにより、大晦日に食べる晦日蕎麦の起源の一つとされています。

このように禅僧の布教活動に伴って全国的に蕎麦・うどんが一般的に食べられるようになっていきました。

江戸時代に全国的に普及した蕎麦

江戸時代になると、〝蕎麦切り〟が全国的に普及し始めます。しかし京・大坂はうどんで、江戸は蕎麦といわれるように、大阪には蕎麦屋が少ないです。ただ、蕎麦よりうどんの方が作りやすいため、江戸時代初めは、江戸でも、うどんを売る傍らで蕎麦を売るという始まりでした。江戸で蕎麦が広まった理由は二つ考えられます。一つ目は、蕎麦粉と小麦粉の値段が倍近く違っていたこと。文政元（一八一八）年の大坂の三井両替商の帳簿でも小麦粉が蕎麦粉の倍近く高いことが見て取れます。大坂や京都は金持ちが多いので、小麦粉が原料のうどんでも十分商売ができたのでしょうが、江戸は発展途上だったため安い蕎麦粉を使って蕎麦作りに専念しました。二つ目に、原料の産地。小麦は四国・中国地方で多く収穫されていて、関東ではなかなか育ちません。逆に関東に近い信州や東北はソバの産地で安易に収穫ができ、流通の面から見ても、関西から関東へ小麦粉を運ぶよりも、信州から江戸へソバを運ぶ方が短時間・省力で済みます。そのような背景があり、次第に江戸では蕎麦を作る技術が向上し、研鑽されたのでしょう。江戸時代後半には、江戸の一町に一軒、合わせて約三千軒の蕎麦屋があったともいわれています。

当時は居酒屋や集会所がなかった時代だったので、蕎麦屋はその代わりとして利用されていたようです。仕事が終わる午後三時から四時になると、皆、蕎麦屋へ行って日本酒を一杯飲みながら肴をつまんで、最後に蕎麦を食べる習慣が育っていったと考えられます。

京都における蕎麦

菓子屋が蕎麦を作る

京都では、もちろんうどんも好まれましたが、寺社仏閣の集まる土地ゆえに、蕎麦も親しみ深いものでした。なぜなら寺院での法要の際に蕎麦が振る舞われることが多かったからです。大きな法要になると寺で作るだけでは賄いきれないため、蕎麦が外注されるようになり、その外注先が菓子屋でした。蕎麦粉を水で練って伸ばして切る作業が、菓子作りの工程と重なる部分が多かったからでしょう。羊羹で有名な「とらや」さんの記録では、慶安四（一六五一）年に御所へ納めたとか、元禄十（一六九七）年に京極家の息子の元服祝いの品として霊元天皇からの依頼で仙洞御所《せんとうごしょ》へ納めたという記録が残っています。

私見ですが、日本で現存する最古の蕎麦屋は当店ではないかと考えられます。色々な文献を探しても、蕎麦のことが記載されているものは少なく、見つけられた一番古いものに天正二（一五七四）年に長野県木曾郡の須原にある定勝寺で修復工事をしたお寺のお祝いに振る舞い蕎麦を出したという記録がありました。しかし、それより二五〇年前から京都の禅寺では新築のお披露目に蕎麦が振る舞われていて、京都の菓子屋はお寺に蕎麦を納めていました。そこから考えても、一四六五年創業の尾張屋が日本で一番古い蕎麦屋という可能性は十分にあると思います。残念ながらそれを証明することまではできませんが……。

京都の水が美味しい蕎麦を作る

京都の蕎麦をあえて〝京蕎麦〟といいますが、私は日本で一番美味しい蕎麦だと思っています。ただし、これを作るために不可欠なのが京都の水です。

京都には周りを囲むように比叡山、東山、北山といった山々が連なっています。ここに降った雨水は土壌にしみこみ、お椀型の水甕のようになっている京都盆地の地下に溜まる仕組みになっています。その過程で雨水は礫や砂の間を通り、ミネラルを十分に含む美味しい水になっていきます。地下水の埋蔵量はおよそ琵琶湖の水量に匹敵し、最深部は八百メートルくらいあり、底は岩盤なので水が漏れだす心配はないそうです。大学の先生の調査によると、平安時代は三メートルも掘れば十分に水が出てきたそうです。昭和二十年代には五メートルから七メートルの深さの地下水をポンプでくみ上げていましたが、現在は五十メートル程掘って水を汲み上げています。地下水は毎日自然に作られているものなので、無限の資源として使い続けられると思います。

京都の水は軟水です。軟水であればあるほど素材の味を非常にうまく引き出すことができるといわれています。例えば､家でお試しになると分かりやすいですが、軟水のミネラルウォーターで作ったウイスキーの水割りと硬水であるエビアンで作ったものを飲み比べてみれば水の違いがよく分かると思います。軟水で割ると本来持っている旨味が味わえます。硬水であるエビアンで割ると、その旨味が引き出せないように感じられます。

京料理には京の井戸水が適しているとよくいわれます。これでも硬度が五十度から六十度ありますが、京都の上流の水はもっと硬度が低く、中京区にある私の店の井戸水は四十度から五十度の超軟水です。

ただ、井戸水を使うためには塩素で滅菌をして保健所の基準を満たさないといけません。しかし、塩素は水道水より少ない量で済みますし、私の店では一度塩素で滅菌をして使う直前に麦飯石《ばくはんせき》という石の入った装置に通して塩素を抜きます。塩素を抜かなくても水自体は柔らかいのでご家庭でも安心してご利用いただけると思います。

地下水の特徴に水温の変化が少ないというのがあります。夏は冷たく冬は温かいので、冬は煮炊きをするにも温度が上がりやすく火力を少なくでき、環境にもやさしいといえます。

京都の井戸水は省エネでもあり、食べ物の旨みを引き出す基礎でもあります。ご家庭でも機会があれば井戸水を使ってみてはいかがでしょうか。錦富小路店では蛇口を付けてあるので、ご自分でペットボトルなどをお持ちいただければ無料で持って帰っていただけるようになっています。井戸水は生活の中でも手軽に安く利用できて、体に良いものだと思います。

健康食〝蕎麦〟

様々な栄養を含む健康食品〝蕎麦〟

ソバは、タデ科、ソバ属の一年草で、主に実が食用にされています。痩せた土壌、冷涼な気候、水が少なく乾燥した土地でも簡単に生育するため、縄文時代から食べられていたそうです。

蕎麦には、タンパク質や食物繊維、ミネラルやビタミンが含まれ、高栄養食品、健康食品といわれています。蕎麦に含まれる良質のタンパク質は牛乳なみの含有量があり、人体への吸収率が比較的低いため体に負担をかけずに摂取できることが特徴です。また植物繊維も多く、一日の摂取量二十グラムのうち、蕎麦一食で五グラムが摂取できます。うどんと違い、こねるときに塩を使わない低塩食品であり、低GI食品(炭水化物を食べた後の血糖値の上がる速度が緩やかな食品)でもあるので、糖尿病の方にもお勧めです。さらにマグネシウム、銅、鉄、亜鉛、マンガン、カリウムなどのミネラルだけでなく、ポリフェノールや様々なビタミンも含まれています。特にビタミンB_1、B_6等が多く含まれ、ビタミンPとも呼ばれるルチンには毛細血管を広げる作用があり、血圧を低下させるため高血圧の予防も期待できます。

このように成分から見ても健康食品だということはお分かりいただけると思いますが、自分の経験からメタボ予防にも効果があるのではないかと思っています。私は現在六十五歳(平成二十三年当時)になるのですが、体重は六十キロ、体脂肪率が十五%で三十五年間ほど体重は変わっていません。いくら食べても体重の変動は一キロ以内です。ズボンのウエストも七十八センチから八十センチまでで、流行のメタボには全く縁がありません。ただ、これは本物の蕎麦を食べている場合に限られます。駅の立ち食い蕎麦やコンビニの蕎麦や市販の乾麺では、安価な中国産の蕎麦粉を使い、製麺の粉の割合も蕎麦粉三割、小麦粉七割というのが大半。さらに日持ちをさせようと塩を使っている蕎麦もたくさんあります。しかし、私の店で使っている蕎麦粉は北海道音威子府《おといねっぷ》の契約農家で作っている玄蕎麦で、製麺の粉の割合も蕎麦粉が最低七割以上、つなぎは三割以下です。蕎麦自体は健康食品として優秀でも、ちゃんとした蕎麦屋で召しあがっていただかないとその効果を実感いただけないと思います。

ちょっとした豆知識ですが、実は蕎麦の成分の多くは水溶性なので、ゆがくと成分は湯の中に溶け出してしまいます。そのため、蕎麦湯を飲むのは大変理にかなっている習慣です。ただ、ご注意いただきたいのは、だしには醤油が入っているので少量のだしを蕎麦湯で薄めて飲まれることをお勧めします。

材料のこだわり

〈蕎麦粉〉

日本の蕎麦粉の総需要量の七十五%は中国から、その他は北米からの輸入品で、残りの二十三%が国産です。国産の中で六十%以上が北海道産で、残りが九州、福井、信州、東北などとなっています。しかし、市場に出回っている国産の蕎麦粉では、私の店の一年の玄蕎麦の使用量を一つの地域でまかなうことは難しいことと、より良い品質と、安定した蕎麦粉を使用するため、平成二十二(二〇一〇)年から栽培契約を結びました。

日本で最も広い蕎麦の生産地である北海道の十勝平野よりさらに北に日本最北端の蕎麦畑が広がる音威子

府村があります。そこでは農家の方、八人が「ＪＡ北はるか」の下で蕎麦の栽培に従事していて、その方々と年間約三十二トンの栽培契約を結びました。現在、これだけの量の蕎麦粉を一つの店で扱っているのは、京都では私の店だけだと思います。この土地は非常に安定してソバが育ち、八月上旬にはソバの花が満開になり、九月の上旬から中旬が収穫期になります。収穫後、ソバの実は蕎麦殻がついたまま一年間保存します。音威子府は毎年五メートル前後の豪雪地帯で、自然の力で温度と湿度が一定になる倉庫にソバの実を入れて、雪捨て場の近くに置いてもらっています。昔でいう氷室みたいなものです。毎年、七月上旬まで雪が残っているので、費用をかけずに保管が可能です。使用する際は使う分だけ京都に運び、製粉屋さんで温度管理をしてもらいながら、使う分だけを製粉して店に届けてもらうというシステムを構築しました。そのおかげで非常に品質の良い蕎麦粉が使えるようになりました。今まで、北海道のＪＡや蕎麦粉のブローカーが買い集めた蕎麦の実を、製粉屋さんが産地の問屋を通して買いつけたものを使っていたことを考えると雲泥の差です。安定した上質な蕎麦粉と京都の水で打った蕎麦を、井戸水でゆがくと、こしがあって滑らかな肌の良いものになります。

〈だし〉

だしは料理の味を左右するものなので、特に京のお客様はこだわりを持っておられます。まず、だしには美味しい水が必要です。水は必ず京都の地下水を使います。以前、高島屋の店では井戸水を使えなかったので改装時に一度撤退を考えたこともありました。しかし、高島屋のご厚意で井戸水を七階の調理場まで直接引いてもらえることになり、営業を続けることにしました。また、四条通の御旅所の地下にも支店を出していますが、ここは井戸水が出ないので、本店でとっただしを毎朝運んで、それを使って調理しています。

だしの取り方は、昆布と鯖とうるめとめじかの節を調合してだしを引いています。まずじっくりと利尻の昆布でだしをとります。昆布だしをとるのに最も重要なのは、お湯を沸騰させないことです。常温から煮始めて、七十度くらいの湯で昆布から充分にだしを抽出したら昆布を引き上げて、そこに節を入れます。その節を二十五分から三十分間とろ火で煮込み、削り節の旨味を引き出します。そのだしを布に通して、砂糖と薄口醤油を加えて味を調えたものが、温かい蕎麦用のだし〝かけだし〟です。溜まりと濃口醤油とみりんを入れた〝かえし〟を煮込み一週間以上、地下の陶器の壺で寝かせます。先程の〝かけだし〟に〝かえし〟を入れて加熱し〝ざるだし〟を作ります。〝かえし〟を寝かすのは味がまったりと絡むようにするためです。だし一つでも手間をかけています。余談ですが五年ほど前、全国の蕎麦屋の〝かけだし〟の濃度をキッコーマン株式会社が検査したことがありました。私の店のものは味や色は薄かったのですが、いろんな魚のエキスや昆布が入っているため、だしの濃度(旨み)は一番濃いと評価が出ました。

庶民の味として提供するためのこだわり

私の店は手打ちではありません。機械で打っています。なぜ、手打ちにしないのかというと、手打ちでは絶対量が打てないからです。手打ちだと職人一人で一日百人分から二百人分くらいまでしか打てません。私は、蕎麦はサラリーマンの昼食、つまり、一般の方が気軽に普段食べる食事として捉えているので、値段を抑えて美味しい蕎麦を食べていただくために、機械打ちで製麺しています。機械だと四つの店で一日千食打てますから、コストを抑えて量がとれるのです。ただ、町の蕎麦屋さんで、手打ちの蕎麦を出されるお店もたくさんあります。手打ちと機械打ちの違いは麵の固さ、つまり加水量です。手打ちは五十%くらい加水できますが、機械打ちの場合は四十%から四十五%くらいまでしかできません。その結果、手打ちでは一分前後くらいでゆであげることができますが、私の店の機械打ちだとゆがくのに二分半かかります。ただ私見ですが、ゆであがったでき具合はそれほど変わらないと思っています。手打ちにこだわられる方もおられますが、私の店は薄利多売の心で皆様にご満足いただける味を保つことを旨としています。

もちろん手打ちもできないことはありません。本店では、十二月十四日の討ち入りと二月三日の節分に手打ちをしていますし、三月からは錦富小路店で、手打ちを始めます。また、ご希望があれば手打ち蕎麦の出張調理もさせていただきます。また、以前から、京都高島屋で毎年二月に開催される「京の味ごちそう展」という催事では私の店も含め京都の「蕎生二八会」の会員店が日替わりで職人を出し、お客さんの前で打った手打ち蕎麦を召しあがっていただいております。

費用対効果、そしてお客さんに何度も召しあがっていただきたいという思いから、機械打ちを利用していることをご理解いただければと存じます。

商品へのこだわり

最後に蕎麦の楽しみ方についてお伝えしたいと思います。

良い蕎麦は甘い香りがしますので、ぜひ、せいろ蕎麦で食べていただきたいと思います。特に冬場の鷹ヶ峯の辛味大根せいろ蕎麦は、旨味が詰まった辛味なので、蕎麦の美味しさを引き出してくれます。ただ、個人の農家が少しだけ作っているので、なかなか市場には出ることはありません。そのため私の店では農家と契約して必要な分だけ分けていただいています。

私の店では極力京都らしさを重視した味を大切にしながら見た目も楽しい工夫を凝らした商品を、定番のメニューに加えて季節毎に出しています。例えば、鴨せいろ、鴨なんばは冬の定番です。また、錦富小路店では鴨蕎麦鍋を出しています。つくね、粟麸、白菜、九条葱、豆腐などと一緒に召しあがってもらい、最後にゆがきたての蕎麦を鍋に入れます。三月には白魚の天ぷらと金時人参をかき揚げにし、天せいろか天ぷら蕎麦で楽しんでいただけます。四月には筍の天ぷら蕎麦・天せいろや、わかめと筍の煮た温かい蕎麦も出します。四月から十一月の間は、京都は野菜が美味しくなりますので、茄子、胡瓜、茗荷をざる蕎麦のつゆでさっと浅漬けしたものを、せいろ蕎麦のだしにつけて食べていただいています。

地元の材料を使ったメニューを考案するのに、京都にある割烹をはじめ京料理屋やおばんざい屋での外食の品を、参考にすることがあります。もちろん東京の蕎麦屋を見習うこともありますが、東京の蕎麦屋と京都の蕎麦屋では大きく違うところがあります。東京の蕎麦屋は、昼食としてはもちろん、夜もご利用されるお客様が多いのです。江戸時代から蕎麦の文化が根付いているため、夜にはお酒と一緒に肴をつまみ、締めに蕎麦を楽しむようです。昼より売り上げが大きいなどと聞くと「東京で蕎麦屋をやるともうかるなぁ」と思うことがありますが、だしの味を考えるとどうしても京都から出て行く気にはなりません。しかし、京都の皆さんに夜にも蕎麦を楽しんでいただこうと私の店では、各支店で東京に負けない肴を出すようにしました。例えばだし巻。京だし巻きは東京の卵焼きよりも断然美味しいです。つまみには鰊蕎麦の鰊がお酒にあいます。蕎麦屋で出すつまみというと、昔ながらの〝蕎麦がき〟がありますが、私の店では注文を受けてから熱湯に通して、熱いままわさび醤油で食べていただきます。焼海苔もあります。出し方も工夫した炭火仕込みにしていて、桐の箱のふたを開けると海苔があり、その下に炭火を入れておきます。海苔の香りを楽しみながら食べていただけるのが特徴です。蕎麦味噌もあります。味噌に七味、黒七味、みりん、酒を入れて蕎麦粉と一緒に熱を加えて練り上げるもので、これも東京の蕎麦屋さんでは一般的です。冬場はそれに大根を短冊に切ったものを、夏場は胡瓜を短冊に切ったものをそえて、酒の肴として楽しんでいただいています。

京都では夜に蕎麦を食べる習慣があまりないので、これからは、ぜひ、夜にも来ていただければ、今までと違った蕎麦屋の一面が楽しめると思います。尾張屋では「東京の粋《いき》を京の粋《すい》」を目指しています。酒の肴と京の地酒、焼酎などを伊万里の蕎麦猪口で楽しんでいただき、締めはお蕎麦でどうぞ。

【平成二十三年二月十六日「蕎麦と京都」より】

稲岡 傳左衛門（イナオカ デンザエモン）

1945年、京都府生まれ。
1968年、同志社大学卒業後、株式会社木村屋總本店を経て、1970年、本家尾張屋に入社。1994年、第15代稲岡傳左衛門を襲名し、取締役社長に就任し、現在に至る。
現在、京蕎麦二八会会長を務める。

株式会社 本家尾張屋（ホンケオワリヤ）

1465 年に、尾張国（現在の愛知県）から京に上り、菓子屋として創業。時代に合わせて菓子だけでなく、初代傳左衛門（1702 年 8 月没）が江戸時代中頃より蕎麦屋を始める。江戸時代には御用蕎麦司（宮内庁御用達）もつとめ、お寺や宮中に蕎麦を納めていた。
現在、京都の町に 4 店舗を構え、吟味した上質の原料と京の水で伝統の味を守り続けている。
また、15 代目傳左衛門も宮内庁からご注文を賜り、御所に出向いて蕎麦をゆがき、天皇皇后両陛下に食していただいたこともある。店舗では、昔ながらの蕎麦菓子も取り扱っている。
京都市中京区車屋町通二条下る
電話：0120-17-3446
FAX：075-221-6081
URL:http://www.honke-owariya.co.jp/

十二　上七軒　大文字

今井貴美子

普通の女の子から舞妓へ。花街の伝統と和の文化へのこだわりが女性を綺麗にする

上から二番目「北野をどり」三番目「歌舞練場の庭」

京都の花・花街

京都五花街の一つ・上七軒

京都には五つの花街《かがい》があります。「はなまち」と呼ぶ人がいますが、正しくは「かがい」と呼びます。数年前まで島原にも歌舞会があったので六花街でしたが、現在では、祇園甲部《ぎおんこうぶ》、祇園東《ひがし》、先斗町《ぽんとちょう》、宮川町、上七軒《かみしちけん》の五花街です。

花街といえば芸妓・舞妓です。芸妓・舞妓といえば祇園、先斗町が有名で、上七軒という名はあまり知られていないと思います。祇園・先斗町は、室町の旦那衆が地方の呉服屋さんを招待するのに使うことが多かったため、全国的に有名になりました。さらにいえば、祇園は明治維新のときに勤皇の志士と縁が深かったので、新政府ができてからは政府の要人を通して東京とつながりができ、いっそう名が広がったように思います。

しかし、五花街のなかで最も古いお茶屋の発祥の地は上七軒といわれています。上七軒は室町幕府八代将軍足利義政が北野天満宮を修築した折、残った資材で建てた七軒の水茶屋が起源です。さらに時代が下って豊臣秀吉公が開催した北野の大茶会の折、立ち寄った店で出されたみたらし団子を秀吉公が大変気に入り、この七軒の水茶屋に「みたらし団子を売る特権」「公の茶屋株」を与えたそうで、それが現在のお茶屋の原型となりました。つまり上七軒は室町時代から現在まで残っている唯一の花街です。

花街に欠かせないをどり

祇園甲部には「都をどり」があり、先斗町には「鴨川をどり」があります。宮川町には「京おどり」、祇園東には「祇園をどり」があり、上七軒には「北野をどり」があります。花街のをどりは、それぞれの歌舞練場《かぶれんじょう》で行います。共通するのは、をどりの前にお茶席に入って立礼のお茶席で一服し、お菓子を食べてもらってお皿を持って帰っていただくことです。お点前《てまえ》は全て裏千家です。それから会場に移って舞を見ていただきます。

「北野をどり」は、「都をどり」や「京おどり」とは違い、先斗町のものと少し似ています。一部は舞踊劇で、二部が純舞踊で構成されています。

北野をどりは昭和二十七（一九五二）年、北野天満宮の一〇五〇年祭の記念として第一回が開催されました。上七軒としての歴史は古いのですが、をどりの興行の歴史は他の花街よりも新しいのです。会場は明治の後半に建てられた歌舞練場ですが、この建物は冷暖房が無く、耐震構造にもなっていなかったので今年（二〇〇九年）修築に取り掛かり、来年（二〇一〇年）三月に完成予定です。従来は四月十五日からですが、冷暖房が完備されれば、第一回の時と同じ三月二十五日から開催されることになります。

機会がありましたらお越しいただきますようお待ちしています。

上七軒を育てたのは西陣の旦那衆

上七軒は北野天満宮の東隣にあります。そのもう一つ東隣には織物の産地・西陣があるので、西陣の旦那衆は芸妓・舞妓に自分の店の帯を締めてもらったり、室町の問屋さんを招待して商談したりと上七軒をよく利用していたようです。昔の西陣は非常に栄えていたため、上七軒を利用する旦那衆は大きな財力を持っていて、さらに書画、骨董、歌舞伎などにも精通していました。美術品や芸にも目が肥えていて、しかも口が悪いので、ダメなものははっきりと「ダメ」といわれますし、芸妓・舞妓の締めている帯を見てどこの帯かがすぐ分かるので、値踏みもします。つまり、芸妓・舞妓は衣装にも芸にも一生懸命に取り組まないといけない状況にありました。そのため昔は芸どころと呼ばれて一目置かれていました。ただ、京都の人が京都の人を招待するのに使われたため全国に名前が広がることはなく、今では京都でも上七軒を知らない人がいて寂しい限りです。ただ切磋琢磨し芸どころと呼ばれてきた上七軒の名前を汚さず次世代へ伝えるため、今も努力を惜しまず修練しなくてはならないという自負はしております。

舞妓と芸妓

舞妓・芸妓を預かって一緒に生活をし、お茶屋からの依頼に応じて舞妓・芸妓を送り出すのが置屋《おきや》です。現在、上七軒では置屋だけを商いにしている店はなく、全てのお茶屋が置屋を兼ねていて、舞妓はここで生活しています。

舞妓の年齢を尋ねられることがよくあります。昔は義務教育が十二歳までだったので、十二歳から舞妓をしている人もいましたが、現在は中学校までが義務教育なので、中学校卒業まではできません。舞妓は江戸時代の娘の姿を模したものなので、子どもである必要があり、子どもの姿が似合わなくなると芸妓になります。大柄で大人びた子は十九歳くらいまで、小柄で童顔の子は二十二歳から二十三歳くらいまで舞妓でいることもあります。特に上限の年齢はないのでお茶屋の都合などで襟替えの時期は決まります。

舞妓になる条件は地毛で髪の毛を結い上げられることです。どれほど、踊りが舞えてもこの条件を満たさないと舞妓になれません。また着物は普段着も含めて全て肩縫い上げをし、だらりの帯を締めます。だらりの帯は長さが一般の帯の一・五倍あるうえに、一般の帯は表面にしか入らない柄が裏面にも入るため、布の量も柄も一般の帯の三本分になります。また、帯の後ろには置いてもらっている置屋の紋を入れています。出たての小さい舞妓と大きい舞妓の違う点は襟にあります。この襟だけでも軽く上等の着物一枚買えるくらいです。赤の縮緬に手刺繍をしてありますが、小さい舞妓は手刺繍をしても赤の地の多くを残します。大きい舞妓は大人びて見せるため、白などの刺繍で詰めて赤の地をほとんど残しません。毎月変わるかんざしも華やかなものと地味なものという違いがあります。着物も肩に柄があるものとないものに分かれます。これらのちょっとした違いで舞妓の雰囲気が大きく変わるところが和装の素晴らしいところだと思います。

しかし、今、観光客が舞妓の格好をして町中を歩かれるのには少し困っています。衣装などを楽しまれることは構わないのですが、かつらをつけたまま観光地などを歩きまわられると本物の舞妓を知らない方には、本物と勘違いされることも多いようですので……。

舞妓から襟替えをして芸妓になります。大人になるので肩縫い上げは取れ、黒紋付は留袖になって裾だけに模様を入れます。襟替えをして芸妓になると、帯はお太鼓結びです。東京の芸妓は柳帯といって後ろが平たくなっていますが、京都の芸妓は必ずお太鼓に結びます。

私と大文字

店の由来

戦前から戦後にかけて、上七軒にはお茶屋が三十軒ほどありましたが、現在は十軒で、舞妓・芸妓は三十人弱です。

私の店の屋号は「大文字《だいもんじ》」です。私で五代目になりますが、上七軒に移ったのは四代目のときです。それ以前は大津の花街にあって、上柴屋町《かみしばやまち》、下柴屋町《しもしばやまち》、真町《しんちょう》といった花街で商売をしていました。店の名前は、豪商・大文字屋福助にあやかりたいと決めたと聞きました。

初代は私の曾祖母の父が経営していました。二代、三代は親戚の伯母達がしていましたが、昭和十五（一九四〇）年に私の祖母が上七軒に「大文字」を再興しました。私の母はこの商売が嫌いで西陣に嫁ぎ私はそこで生まれました。西陣に父方の祖父母、上七軒に母方の曾祖母、祖母、祖母の妹と合わせて五人のお年寄りの中で育ちました。ただ、子どもの頃から上七軒の祖母の家で過ごすことが多かったので、祖母も私に店を継がせようと考えていたようです。

しかし、私はもともと継ごうと思っていたわけではありません。特にお茶屋は営業時間があるようでない商売です。いつ客が来るか分からないような仕事はしたくはないと考えていました。しかし、三十歳くらいになって、お茶屋とはどのようなものかと考え直す機会に恵まれました。

お茶屋とは

一般的にお茶屋は、お客さんが来ると、酒や料理を出したり、舞妓・芸妓の踊りを見て楽しんでもらったり、彼女らとゲームなどして遊んでもらったりする所と理解されていると思います。しかしそれでは料理屋さんとの違いが分かりません。お茶屋が料理屋と違うところは、お客さんの飲食以外の相談や依頼にも応えることです。その一つが立て替えシステムです。お客さんが、お茶屋から紹介された料理屋さんやスナックでご利用になられた料金は全てお茶屋に請求されます。お茶屋はそれらを支払うと同時に、お茶屋のご利用料と合わせてお客さんに請求させていただくのです。「一見《いちげん》さんお断り」というのは、このようにお客さんを信用したシステムがあるからこそ必要でした。もし、先の事例でお客さんが支払ってくれないときは、そのお客さんを紹介した人に支払ってもらうことになります。

昔は常連さんから紹介されたお客さんに対して、料理、お土産、翌日に使う観光用の車の手配まで全てお茶屋がしていました。人によっては朝からお客さんについて京都駅までお見送りに行くこともありました。

お茶屋は便利な存在なので、京都の企業はどこでも一、二軒の馴染みのお茶屋を持っていると思います。企業がパーティーを開くときに、どのホテルが良いか、どのような祝舞を出せばよいか、土産は何が良いかなどの相談までお茶屋が受けることがあります。しかし、暗黙のルールとして、宿坊と呼ばれる行きつけのお茶屋さんは一つの花街で一軒だけにしなければなりません。お茶屋がお客さんの全てのお世話をする際、このお客さんは自分の店に全幅の信頼を置いているんだということが強く伝わりますし、お茶屋もその信頼に応えるために精一杯のことができます。このようなシステムは他に聞きません。現在のように人と人のつながりが希薄になってきた世の中で、情でつながる商売は大切なもので、そんなお茶屋の伝統を廃れさせてはならないという思いから、私は祖母から店を継ぐ決心をしました。

日本文化を体現している花街ならではのこだわり

四季にこだわり、本物にこだわる

「本物」であることと、「四季」にこだわることが私たちの業界では非常に重要なことです。お茶や料理の世界はもちろんそうなのでしょうが、衣食住全てにわたってこだわることは花街の考え方の中心であり、日本文化そのものもそうだと思います。

舞妓・芸妓はこだわりのかたまりです。髪を地毛で結うなどは、まさにその良い例でしょう。髪を一度結うと一週間はほどかないので、横になって十分に休むこともできません。寝るときはかんざしを外して高枕で休みます。休みの日だけは髪をほどいて一般の女の子の髪型になって良いのですが、それ以外は髪を結ったままなので外に出るにも、着物を着ないと格好がつきません。しかし、髪を結い、着物を着ることで立振舞いが美しく変わるし、人目を引くため綺麗になる努力もします。休息一つも満足にできないため辛抱強くもなります。

こだわるということは、精神的にも生活の面でも、自分にゆとりがないとなかなかできません。わざと本物にこだわってみるということは、ゆとりの表れで、生活を豊かにする手段の一つだと思います。舞妓として花街を支えているのは、洋服を着て街を歩けば舞妓だとは全く分からない普通の女の子ですが、伝統のなかでこだわりの生活をしているからこその美しさを磨いていることを知ってほしいと思います。

装いのこだわり

着物や帯などは月によってどういうものを身につけるか厳密に決まっています。

正月は紋つきの着物を着ますが、これは二つ綿入れで、裾のところに綿入れのふきがあって二枚重ねになっています。三月まではこの二つ綿入れを着ます。四月になると下着が取れて着物の裾に綿が入った一つ綿入れになります。五、六月は単衣《ひとえ》の着物、七、八月は夏ものになって九月に再び単衣の着物になります。十一月には一つ綿入れ、十二月から二つ綿入れになります。帯についても十月は染帯を締めます。十一月から三月までは織帯《にしきおび》になります。四、五月は染帯で、六月から九月は夏帯をします。これも着物と対となって決まっているものです。座敷に出ない者はここまで厳格に区別していませんが、舞妓・芸妓はこだわりの世界なので、上七軒ではきっちりとこの決まりに従って着物と帯を締めることにしています。

帯上げには相良《さがら》刺繍といって、生地の裏から糸を抜き出して結び玉を作り、これを連ねて模様を描いていく非常に技術と時間を要する刺繍が施されています。普段は赤の縮緬に箔を張ったものを帯上げにしています。帯留め(ぽっちり)は舞妓の勲章ですが、本衣装の時は帯留めをしないのが正装です。上七軒ではこのこだわりを文化の一つとして残していきたいと思っています。

舞妓が店に出始めて一年間はびらびらのかんざしを付けます。また、上唇に紅をさすことは許されません。上唇は我を表すので、一年間は我が出ないように紅は禁止なのです。一年たつとびらびらのかんざしを外し、上唇に紅をさすことができます。花街によっては紅をさすことを認めているところもありますが、上七軒では一年間は絶対に認めません。

仕込み期間にこだわりを身につけさせる

舞妓は一般的には特別な存在だと思われるようですが、実際は普通の女の子です。昔はお茶屋の娘が舞妓や芸妓になり、お茶屋を継いでいたのですが、最近は一般家庭の娘さんが舞妓の世界に入ってくるので四季にこだわる花街の生活に慣れさせるのはひと苦労です。

新しく舞妓になる子が来た時には、必ず仕込みさんといって家の用事をさせます。舞妓である前に一人の女性として、舞妓を辞めた後に普通に生活できるように教育するためです。この仕込み期間は花街によって違いますが、上七軒では約半年間、祇園、先斗町、宮川町などはおそらく一年くらいです。私の経験では、ある程度の行儀見習いができて、舞が三題ほど舞えたら半年くらいでお客さんの前に出した方が良いと思っています。見習いとして見られるのとちゃんとした舞妓として見られるのでは周りの目が違います。いつまでも見習いでいるより、実際にお客さんの前に出て経験を積む方がプラスになるのではないでしょうか。

仕込みの期間は頭も結わず、掃除、洗濯、食事の手伝いをしてもらいます。しかし、今時の女の子には驚くことがたくさんあります。掃除は掃除機をかけることだと思っている子がいますが、本来の掃除はハタキをかけて掃除機でホコリを吸い取り、その後、拭くことです。また、最近の子どもは、お使いをしていません。私が子どもの頃は祖母から「○○を持って行って、『これはよそからもらったものですがお一つどうぞ』と言って渡しなさい」などと教わりました。子どもにお使いをさせるのは子どもに言葉使いや挨拶の仕方を教えることも兼ねています。だから仕込みさんはお使いに出します。さらに畳の生活なので、来たばかりの子は正座ですぐに足が痛くなりますが、最低限、ご飯を食べている時だけは正座を崩させません。一、二年経つと慣れて、お座敷で長時間正座をしていても平気になります。

寒くなると長火鉢を開ける時期になりますが、開ける日も決まっています。十一月の亥《い》の日です。それまでに寒ければエアコンの暖房やホームごたつで調整します。

こんな四季にこだわった生活も、実際にしていくうちに良いものだと思えるようになります。面と向かって教えるのではなく、日常生活の中で体験させていくうちに分かってくるようになりますが、本人が納得できないことは続きません。舞のお稽古なども本人が納得すれば自然に頑張って取り組むようになります。これは良いものだと押し付けると反発に繋がるので日常生活の中で自然に伝えていく努力をしています。

舞妓になるまで

以前、テレビの取材で舞妓の肌の綺麗な原因は化粧品ではないかと言われたのですが、私は普段の生活からくるものだと思います。舞妓は、仕事が夜の十二時や一時になることもありますが、帰るとかんざしを外し白塗りのおしろいを取って着物をたたんで、お風呂に入って休みます。あっという間に二時や三時です。しかし、私は夜がどれだけ遅くなっても、朝の食事は九時と決めています。昼まで寝ている舞妓はいません。朝食後は稽古着に着替えてお稽古に行きます。お稽古は、上七軒では十科目ぐらいあります。仕込みさんからすぐに始まるのがお茶。それから、舞のお稽古と、鼓、大鼓、太鼓などのお囃しのお稽古です。

店出しという舞妓デビューの一ヵ月前に見習いさんとして、半だらという短い帯をしてお座敷に出ます。

そして店出しをすると一気にお稽古も増えて、清元、常盤津、長唄、小唄、端唄、笛、三味線が加わります。最近では英会話のお稽古もすることがあります。稽古は何日稽古という方法です。例えば、四、五日間続けて舞のお稽古。その次にまた四、五日間長唄のお稽古というものです。一日何科目か重なることもあります。十五歳くらいの女の子に清元や常磐津は難しいといわれますが、分からなくても耳で聞いて体に染み込ませることが大切なのです。耳で聞いているだけでも舞のお稽古をしたときの感覚が違います。お稽古は朝の十時頃から始まりますが、夜がどれだけ遅くても決まった時間に朝ご飯を食べてお稽古に行くという生活が毎日続くことによって、その子を包む雰囲気が凛とひきしまり、綺麗になっていきます。一見不自由な生活を続けていることが綺麗になる要因でもあるし、姉さんなどに気配りをするなど人とのつながりの中で、心も綺麗になるのだと思います。

店出しをしてからの舞妓には自分の身の回りの掃除・洗濯のみをさせます。料理は特に教えません。これは、綺麗な手でいてほしいのと、所帯持ちのような雰囲気になってほしくないからです。お花とはお座敷に出ることですが、舞妓・芸妓は世間離れした華やかな雰囲気があるからこそお花がつくもので、お客さんはその雰囲気で心を和ませるのです。所帯持ちのような会話はご法度、物の値段などの話は言語道断。そのためにも舞妓には浮世離れした生活をさせなくてはなりません。ただ、昔のように旦那さんがついて家を買ってもらって、女中さんを付けてもらってゆっくりした生活をすることは皆無なので、自前になると他のOLさんと同じように自分でマンションを借りて、食事も自分で準備します。浮世離れした座敷に上がる一方で、日常生活では普通の女の子としての生活をしなくてはならない点が、昔と違って何より大変な部分です。ただ、一般社会で生活をすることのなかった昔の芸妓と違って、今の舞妓・芸妓は十五歳までは普通の生活をしてきているので、多少は慣れていると思います。私の家では、舞妓たちは独立して生活をするのを夢見て六年間過ごしているようです。

一方で、花街の中では助け合うという温かさも存在しています。一人前の芸妓になって、二十代後半から三十代になると辞めてしまう人が出てきますが、一度辞めてまた戻ってくる人もいます。一度、外の社会に出て改めてここの温かさを実感したのだと思います。このように舞妓・芸妓の生活は昔と変わってきていますが、良い点にはこだわっていきたいと思います。

一風二髪三器量

舞妓は普段から小姑に囲まれて生活しているようなものです。日頃の生活態度もすぐに知られ、良くないことは叱られます。これは現在の社会で最も欠けている点だと思います。

前の晩に行ったお座敷に挨拶に行かなかっただけで先輩に注意されるなど日頃から厳しい目で見られています。私も舞妓たちに普段の生活で厳しいことを言いますが、辞めた後や親御さんからは感謝されます。毎日が人に見られる生活ですし、周りの同僚は皆ライバルですから、いつも綺麗になろうと努力します。言葉遣い一つでもお座敷では今風の省略した言葉遣いはしないように指導しているので、田舎に帰った時に、以前の言葉遣いがいかに汚いものであったかを実感するようです。こだわる生活、たえず何かを気にしている生活を続けているからこそ、歳をとっても綺麗な雰囲気を保っていられるのだと思います。

一風《いっぷう》二《に》髪《かみ》三《さん》器量《きりょう》という言葉があります。一は、清潔感のある装いで、着物をいつもきっちりと着こなすということです。二は、髪が乱れていると最も叱られるので、舞妓は髪を結ってもらった後、毎朝、自分できれいに直してかんざしを付けなければなりません。三番目の器量は、綺麗に生活をすることで付いてきます。日本の文化にこだわり生活することが、身も心も綺麗になる最大の秘訣ではないでしょうか。

【平成二十一年十月十日「北野の里でこだわって」より】

今井 貴美子(イマイ キミコ)

京都府生まれ。
1968年、京都府立山城高等学校卒業後、諸々のお稽古を経て、1982年、大文字5代目女将となる。
現在、上七軒お茶屋共同組合理事を務める。

大文字(ダイモンジ)

1894 年に、近江(現在の滋賀県)に創業。1940 年、京都上七軒に店を移した。お茶屋、置屋として上七軒の伝統に則り、舞妓や芸妓の育成と花街文化を守っている。
京都市上京区北野上七軒

十三　京つけもの西利

今、私たちが何を食べるべきか
漬物を通して伝えていきたい

平井誠一

一番目「千枚漬と京のあっさり漬」三番目「大型プラント」

京都ブランドの発祥

先日、全日本漬物協同組合青年部会全国大会が祇園の歌舞練場であり、門川大作京都市長からあいさつをいただきました。市長は「子どもの頃は、京漬物というブランドはなかったが、最近は京漬物というブランドで躍進し、京都のなかで一つの産業としての位置付けができるようになった」とお話しされました。

近年、京漬物のブランド化という大きな動きがあり、全国の漬物屋さんも京都の動きを興味深く研究されています。もともと「京都ブランド」があるからこそできたのではないかと思われがちですが、そうではありません。

一九七〇年、大阪万博の頃の京都市の観光調査を見ると、お土産を買った方のうち、漬物を選んだ人は六%に満たない状態でした。八つ橋は当時から人気が高く、約四十%の方が選んでおられました。それが、二〇〇三年になると京漬物が五十三%となり、買上比率一位となりました。まさに二人に一人が選んでくださったことになります。この成果は、西利だけでなく、組合加盟の一〇一社全てが力を合わせて取り組んできた結果だと思います。

一つのブランドを作っていこうとするときに、脱落したり、ずるをしたりする会社があると、全ての評判が落ちることになりかねません。全ての加盟店が最低限のルールをしっかり守って、消費者の方々に認めてもらえる商品を作ってきた結果だと思っています。

組合のなかで西利がリーダー的役割を担うことになったのは、父の功績によるところが大きいと感じます。

漬物店が足並みをそろえるきっかけが組合活動でした。お客様からの大きな信頼を得るために、漬物業界で力を合わせる必要がありますが、みんなが経営者でライバル同士でもありますから、なかなか上手くいくものでもありません。そこで父と、東山《ひがしやま》八百伊《やおい》の村井さん、桝悟《ますご》の宇津《うつ》さん、大安《だいやす》の大角《おおすみ》さん、川勝《かわかつ》總本家《そうほんけ》の川勝さんの五人で、三十四年前に全国の漬物屋に先駆けて青年部を作りました。この五人が守ろうとしたのは「漬物業界の発展ために、青年のうちから人間関係を作り、業界全体でお客様の信頼を得る」ことです。それぞれが店のオーナーになり親組合に出るようになった時に、互いの人となりが分かったもの同士なら、踏み込んだ話もできるだろうと考えたのです。こういう強い思いを持った人たちが経営する会社が中心となって、活動を展開していきました。

「(旬)おいしく、やさしく。」

企業理念

西利の商品を紹介するパンフレットの表紙には、「(旬)おいしく、やさしく。」と書いてあります。これは会社が創業五十周年を迎えた時に、これまでの考えや培ってきた仕事を体系的に表現しようと考えた言葉です。まず「旬」には、二つの意味があります。私の会社では野菜を扱うので、「野菜の旬」を大切にしなければなりません。もう一つは、社会の潜在的なニーズを的確に捉え、お客様の声をしっかり聞いていくという

「ニーズの旬」です。

「おいしく、やさしく。」は、商品が食べ物ですから美味しくなければ買ってもらえないのは当然ですが、それ以上に「やさしく」がポイントです。体にやさしいということはもちろん、商品にも野菜にもやさしくという意味も付加しており、野菜ができる土、ひいては地球にも優しい企業でありたいと環境活動にも取り組んできました。

西利とは

それほど古い会社ではなく、今年で創業七十二年目です。私の祖父は滋賀県の農家の次男で、丁稚奉公で京都の錦市場の西利商店という大きな漬物屋に入りました。手代、番頭と出世し、親方に認められて唯一のれん分けをさせてもらったそうです。西利商店の創業者は西野利平という人で、伏見の豪商でしたが錦市場に出てきて漬物屋を始めたと聞いています。しかし江戸時代末期の創業の西利商店は後継ぎがなくて店を閉めてしまい、私の会社がその看板をお預かりしているので、約一五〇年の伝統を守っているといえるかもしれません。

西利の歴史の中でも最も大きい変化は、卸中心のメーカーから小売に切り替え、自分たちで製造した商品を自分たちの店舗で直接お客さんに売り始めたことです。

現在では商品の全部を自社の工場で作っています。メーカーだった頃は、東京の漬物屋さんに千枚漬を卸したりしていたのですが、他の店に頼んで売ってもらうと、保存方法が悪かったり色が変わったり味が変わったりしたものまで売られていることがあり、それでもお客様からの苦情は直接私たちが受けました。

一生懸命作った漬物を最も美味しい状態で食べてほしいのに食べてもらえない残念な思いと、高いお金を払って買ってもらう以上は絶対安心・安全でなくてはならないという気持ちが高まりました。そして、納得のいく商売をしたいとの想いで、直売へと切り替えました。

契約農家制度を取り入れる

直売というのは全国的にはあまりない業態ですが、京都の漬物屋では一般的です。例えば商店街にある漬物屋さん一軒一軒が、その商店街で売れる分だけを店の裏で作るというのが多いですが、私の会社はそれを企業化したわけです。自分たちでしっかり作って、売って、お客様に信頼してもらい、安心・安全で美味しい漬物を提供したい一心でした。

そこで最も大切なことは、どのような野菜を使うのか、ということです。良い野菜を使わないと良い漬物はできません。また安心・安全で美味しい漬物を作るためにも、どこの誰がどのように作った野菜かを知っていなければなりません。そこで、最初に始めたのが契約農家制度でした。特に、聖護院かぶらは作る人が少ない珍しい京野菜だったので、京都の漬物屋は大切にお付き合いしてきました。他にも、すぐきは上賀茂の農家の方々、しば漬も大原の大切な特産品だったので、それらの農家の方々ともお付き合いがあり、契約農家という制度を始める素地は元々あったといえます。そこから、さらに白菜、胡瓜、茄子、というように扱う野菜農家を拡大しました。

しかし、いくら素地があったとはいえ、農家の方々にとっては収入源を契約の相手に委ねてしまうわけですから、なかなか信じてもらえず、信頼関係を築くには大変長い時間がかかりました。今でこそトレーサビリティとして、スーパーでも生産者の説明や顔写真まで付いていることがありますし、農家の方々も生産者情報の公開取組をしておられます。しかし、昔は農協に納めるのが通常でしたから、私たちがお願いに行っても相手にされませんでした。私たちにはかぶら農家の方々とお付き合いをしてきた経験があったので、ゆっくりとお話をしながら理解いただくよう努力しました。ありがたいことに今では、大根、胡瓜、茄子など年中必要な野菜については、九州から北海道まで契約農家ができ、暑い時期は北海道に行って、寒い時期は九州に行ってと、一年中手に入れられるようになりました。

旬の時期は全て京都の丹後で作っています。この感謝を表すために毎年、新年会に契約農家をお招きして接待します。この慣例のはじまりは、かぶらやすぐきの農家の方々が仕事を終えられる二月頃に私の祖父が、良質のかぶらやすぐきを納めていただいたことに感謝して、温泉に招待したことに始まります。農家の方々がしっかり野菜を作ってくれているおかげで、私たちが商売をさせてもらっていると日々感謝しています。

お客様の声から多くのヒントが生まれる

直接お客様に販売するようになってから変わったことの一つが、お客様の声をダイレクトに聞くことができるようになったことです。

高度経済成長期で女性の社会進出が始まった頃のことですが、梅田の阪急百貨店に、現在の社長が販売員として店頭に立っていました。その時、仕事帰りの疲れた女性が立ち寄って「疲れたから今日の晩御飯はお茶づけに漬物で十分」と漬物を買おうとしたのですが、「やっぱり漬物を切るのは面倒だし、まな板も汚れる」と何も買わずに帰って行きました。それを聞いた現在の社長が、工場に帰って、阪急百貨店への納品分を取り出し、全て細かくきざむよう指示しました。翌日、塗りの入れ物に盛って、阪急百貨店の西利の店頭に並べました。これを見た百貨店の仕入れ担当者には怒られたそうですが、夕方になると、刻んだ漬物が飛ぶように売れていきました。それから、細かく切った商品を売り出すことになったわけです。

丁度真空パックが登場した頃でもありました。細かくきざんだものを真空パックにして、折りたたんできれいな箱に入れ、名前も「古都の朝」と付けて並べるとご進物になりました。さらに、においのきついすぐきと千枚漬を同じ樽に入れることもでき、千枚漬とすぐきの詰め合わせを「京たより」として売り出すこともできるようになりました。

京漬物詰め合わせと書かなかったのは、お菓子屋さんからヒントを得たそうです。漬物にもお菓子のように素敵な名前をつけ、贈答品として扱ってもらえるように工夫したのです。

新しい展開に付いていく柔軟さ

少し前の話ですが、減塩ブームが起こったことによって漬物の売上げがドーンと落ちたことがありました。漬物は野菜をたくさん食べるには非常に適した食品です。漬け込むので野菜の全体量は少し減りますし、塩も人の体には欠かせないもので、山のミネラルの野菜と海のミネラルの塩、この両方を一緒に食べることができる漬物が敬遠されるのはもったいないことです。ただし、塩をたくさん摂るのも良くないのは事実なので、塩を少なくして美味しく食べてもらおうと考えたのが、あっさり漬という新しい製造方法です。

これは千枚漬の製法を活用しているのですが、実は千枚漬は他の漬物と性格が違います。そもそも千枚漬は、漬物として始まったわけではありません。大藤三郎さんという御所の料理方が、かつて聖護院かぶらを料理の一つとして提供していました。食べやすいよう柔らかくするため、聖護院かぶらを薄くスライスして塩でもんで落ち着かせてから、昆布やみりんで味付けをして惣菜の一つとして出していました。後に大藤さんが販売するようになり、他の漬物屋も千枚漬として売るようになったのです。

千枚漬が他の漬物と大きく違うのは、下漬けには塩を使いますが、本漬けには一切使用せず、みりん、酒、昆布などで漬けていくことです。下漬けでは、塩の浸透圧で野菜の細胞を破り、中の水分を抜き取って少し柔らかくする効果をもたせ、本漬けで旨味たっぷりの調味液を細胞の隙間に入れるのです。塩分は下漬けの分だけで済むので、例えば、西利で扱うあっさり漬の塩分は二%前後です。日野菜は本来の野菜の味を楽しんでもらうために一%前後にしています。西利のあっさり漬の塩分はほとんど二%前後です。日本人の健康な成人男性に適した一日の塩の摂取量は八グラムくらいといわれていますが、漬物を百グラム食べても、塩分の摂取量は二グラムです。

しかし、あっさり漬を売り出した当初、京都では漬物として認められないだろうから売りにくいと判断しておりました。そこで、初売り出しは横浜の高島屋にしたのですが、大好評をいただきました。しかも関東では贈答用には不向きといわれていた漬物が、あっさり漬を箱詰めして百貨店のギフトセンターに置いてもらうと、夏のヒット商品にもなりました。当時の人の感覚では、暮れや夏のご挨拶に胡瓜や白菜や茄子を贈るなどというのは想像すらされてなかったと思います。しかし今では、もらうと嬉しい物と言われ、私たちも大変心強いです。あっさり漬が関東で好評だったことを受け、満を持して京都でも売ることにしました。すると、京都でも大好評で、現在でも売り上げの主流になっています。

ただ、漬物屋としてはこのままで良いのかという疑問もありました。あっさり漬がはやると、今度は発酵漬物が売れなくなったのです。美味しく味付けされた野菜を食べるほうが、酸っぱくて色の悪い発酵食品の古漬けを食べるよりも断然美味しく感じられたのでしょう。そこで、西利では発酵食品の良さをお客様に理解してもらい、親しんでもらえるようさらに商品研究を重ねました。

健康をお届けするために

野菜好きの日本人だからこそ生まれた漬物

「㊗おいしく、やさしく。」というモットーで、安心・安全で美味しい漬物を提供していくために、温度管理はもちろん、工場にクリーンルームを造り、そこで袋詰にして、日持ちの良い商品を作っています。保存料も着色料も使わずに商品を生産する努力の一端です。

しかしそれ以上に、お客様の健康のために工夫をしています。

昔から日本人は野菜を食べることが多く、一年を通じて野菜を食べるための保存手段として漬物を生み出したのだと思います。春から秋までは採れた野菜を食べることができますが、冬は雪が積もって野菜があまり採れません。そこで、秋にたくさんの野菜を収穫し、保存しようとしました。初めは海水で漬け、そのうち塩で漬けることを知り、採れた野菜を塩漬けにして保存して冬の間に少しずつ食べるというサイクルだったようです。現在の科学で分析すると、冬に食べる塩漬けした野菜は、ほとんど乳酸発酵していると思われます。昔の日本人は、野菜やそれに由来する様々な食物繊維やビタミン、塩のミネラルといったものとともに、発酵させることで身体に良い乳酸菌も摂取していたのですね。冬の過酷な環境の下でこれらの成分を摂取していたことが健康維持の秘訣だったのではないかともいわれています。

健康に着目すると、健康は食事と運動と休養と睡眠で成り立っているといえます。食事は肉や骨を作るのはもちろん、体の調子を整えるビタミンや食物繊維など様々な栄養素を摂取するのに必要です。最近では、家族団らんで、楽しい食事を取ることも食事の大切な要素になってきました。

食事のなかの漬物の役割は、体の調子を整えることと、美味しく楽しく食事をする手助けをすることだと考えています。昔から日本人の食卓にのり、食事に彩りを添えていた、発酵した漬物。古くは聖徳太子の時代の木簡に「香の物」という記述があり、これが漬物を指していると考えられています。「香」の意味は、おそらく発酵臭だったのでしょう。現在でもお新香など漬物には「香」という言葉が使われていますよね。そんな昔から食べられてきた漬物をアレンジし、現代風の健康を支える食品にしようと私たちは開発に着手しました。

ラブレ乳酸菌について

京都にある(財)ルイ・パストゥール医学研究センターが、すぐきから新しい乳酸菌を発見しました。

この研究所の岸田綱太郎《きしだつなたろう》博士が、京都の人が長生きであることに着目し、その食生活を調査したところ、発酵食品、特に発酵した漬物をたくさん食べていることに注目されました。

すぐきを分析すると、たくさんの良い乳酸菌が含まれていることが分かりましたが、一番の発見は「ラブレ乳酸菌」です。

すぐきからラブレ乳酸菌が発見され、摂取試験により、ラブレ乳酸菌を摂取し続けると、人の健康維持に大切なインターフェロンの産生能が向上することが分かりました。私たちのリンパ球にあるNK細胞は、身体のすみずみまで目を光らせウイルスなどの外敵を排除するなど、免疫力に大切な能力・NK活性を持っています。また、ウイルスや細菌による感染が起ったときに、身体はインターフェロンを産生して抵抗性の細胞に変えます。つまり、NK活性やインターフェロン産生能は、人の免疫力の大切な役割を担っているのです。西利は、(財)ルイ・パストゥール医学研究センターの協力を得て、「西利のラブレ」を続けて食べることにより、このNK活性やインターフェロン産生能が高くなり身体の免疫力を高める効果があることを実証しました。

その実証結果から、西利ではラブレ乳酸菌を漬物にも活用しようと(財)ルイ・パストゥール医学研究センターと共同開発をしてきました。最近ではカゴメ株式会社もラブレ乳酸菌の入った乳酸飲料を開発しています。

ラブレ乳酸菌は強い乳酸菌なので、漬物に利用しようとすると扱いが難しく、すぐに酸っぱくなってしまいます。それを適度にコントロールするためには温度管理が必要でした。現在では冷蔵技術が発達し、物流過程でも冷蔵が利用できるので、この乳酸菌を安定させられれば活用できることに気付きました。そこで安定させる技術を弊社の研究室で開発し、様々な用途に活用できるようになり、惣菜感覚で野菜と乳酸菌を摂取してもらえる商品の開発に着手しました。

弊社では、数多くの乳酸菌ラブレシリーズを作っています。古漬け、ぬか漬け、キムチもこのシリーズにあり、天然旨味という天然成分に由来する調味料を使って作っています。また、ラブレクッキングと名づけた惣菜のような商品もあります。浅漬けに慣れた最近のお客様は、なかなか古漬けを食べることはないので、惣菜感覚で食べていただこうと開発しました。さらに、昆布のとろみだけで食べていただく商品もあります。実は、乳酸発酵するときにラブレ乳酸菌が作る副産物としてギャバがあります。特にこの昆布仕立はギャバが多く含まれる製法で作っています。一〇〇グラム中、一五〇ミリグラム以上のギャバが含まれています。ギャバは血圧降下作用、腎機能の活性化、肝機能の改善や肥満防止などの効能が期待されると、多くの注目を集めています。昔の人は発酵した漬物を食べてギャバまで摂取していたのでしょうね。このように科学的な根拠に基づきながら昔からの漬物もしっかり守っていくべく日夜努力しています。

伝統を守り伝えるために新しいものを生み出す

千枚漬、すぐき、しば漬など伝統的な漬物をしっかり受け継いでいくのも大切な仕事だと考えています。しかし、職人として受け継いでいくべき技術を会得するのは、今後難しくなってくるのではないかと考えています。そこで私たちは研究室を作って、数値を図り、少し勉強すれば誰もが作れるように作り方を克明に記録していこうという試みをしています。あっさり漬の開発もその一つです。全く何もないところから新しいものを作りだすのではなくて、伝統をしっかり守り伝えていこうとするからこそ、生まれてくる新しいものがあると西利は考えます。

次の時代を導くために

地域の特産品を守り伝えること

それぞれの地域ごとに特産品としての漬物があります。京都では千枚漬、すぐき、しば漬、大阪では水茄子、三重では養肝漬、名古屋では守口漬、岩手ではたくあんをいぶして作るいぶりがっこ、信州では野沢菜など、全国様々な漬物があります。それぞれの地域に残されてきた漬物を守り伝えていくことは、大変重要なことです。これがお客様の健康維持のお手伝いにもなると信じ、「漬物の日」をＰＲすることで、漬物と親しんでもらい、地域の特産品を守り伝えることに注力しています。

あまり耳にしたことがないと思いますが、毎月二十一日は「漬物の日」に定められています。これは、愛知県にある萱津神社《かやづじんじゃ》という漬物の神様が祀られる神社の祭日が二十一日であることにちなんでいます。昔は貴重品だった塩と野菜を一緒にこの神社に奉納したことで自然に漬物ができたといわれています。

日本人の食生活のスタイルを守っていく運動への協力

ご飯を主食とする食生活のなかで、焼き魚、お味噌汁、漬物、ほうれん草のおひたしなどバランスの良い食事を摂って健康的な生活をする日本の朝ごはん運動を行うことも考えています。

残念ながら、私の家では家族全員が一緒に食事をするのは朝ごはんのときだけです。昼はそれぞれ学校に行ったり会社に行ったり、晩も様々な活動をしていて家に帰るのは遅い時間になります。中学生と小学生の子どもも塾などがあって食事をする時間がずれることがあります。そこで、朝ごはんだけは家族そろってしっかり食べようと心掛けています。皆さんにも本当は家族そろって食事をする機会を一週間に一度はとり、ご飯と味噌汁と蒲鉾と焼魚で食べてほしいと思います。その時に食卓に漬物があれば、私たちとしては大変ありがたいです。

和食の普及

私は子どもの頃、鮒寿司が嫌いでしたが、今では大好きです。今では肉より魚が好きになってきました。昔嫌いで今好きになった食べ物は、子どもの時にも食べていたものが多いそうです。子どもたちが将来、和食を好きになり食べるようになるには、今、大人が食卓に和食を置くことが大切です。

中学生・高校生になるとマクドナルドやハンバーグやとんかつばかりを勝手に食べに行くようになります。しかし、子どもの頃、和食をしっかり食べていれば、大人になってからまた食べるようになるのです。そのためには、子どもたちが親と一緒に食事をしている時期に、親がしっかり和食を出すことが大切です。これが私たちから皆さんへのお願いであり、目標とする和食の普及にも繋がることなのです。

農業の発展と継続の推進

野菜がないと漬物屋はできません。九州の福岡県では、高菜を作る農家が減ってきたため、九州の高菜を販売している漬物屋さんは自分の店で高菜を栽培し、漬けて売っている状態です。漬物屋はもともと農家の延長のような仕事なので、これが本来の姿かもしれません。京都の大原や上賀茂の農家の方は自分の家で漬けた漬物を販売されています。したがって、農業の発展と継続は私たちにとって大変重要な課題ですが、お客様にも影響することでもあるのです。日本人らしい食生活を取り戻すには、美味しい野菜が必要です。美味しいお米も必要ですし、美味しい魚も必要です。様々な食に関する確かな見識を皆さんに持っていただいて、確かなものを食べていただくことで、健康を手に入れていただきたいと思います。そしてそれがひいては確かなものをご提供する私たちを、皆さんが支えてくださることに繋がっています。

私はサプリメントを否定するつもりはありませんが、それだけの食生活になることほど寂しいことはありません。たくさんの食事を並べ、皆で美味しく食事をすることによって、心の健康も手に入れることができます。将来、食事は全てサプリメントとなり、水で飲み込んで終わり、といったことも起こるかもしれません。そうなってしまっては、残念なことがたくさん起きてしまいます。食は命をつなぐだけではなく、精神的な面でも大変大切なものだと思いますし、家族のコミュニケーションの手段としても重要でしょう。漬物を通じて健康をお届けすることの役割・使命をしっかり認識しながら、今後も安心で安全で美味しい漬物を作ってまいりたいと思います。

お客様の健康を守ることを使命に

今後西利では、漬物を通じてお客様の健康を守ることを使命にしていこうと考えています。四条通りの縄手を少し東に行ったところに目疾《やみ》地蔵さん（仲源寺《ちゅうげんじ》）がありますが、その横の直営店一号店を改装して、風土食品という店にしました。若い人にも入ってもらえるような今風の店にしています。コンセプトは「きれいは楽しい」です。野鳥が木の実をついばむように、牛が牧草を美味しそうに食べるように、生き物にはそれぞれその体を育むのに適した食べ物があります。私たち、日本人が健康で美しく生きるための力の源はご飯でしょう。
水のきれいなこの国のふかふかの土で育った野菜を、天然塩や昆布、魚のだしなどを使った自然の料理法で食べていた健やかな食の時代を思い出してください。健康と美しさは一つです。美しさと幸せも一つです。風土食品では、今、私たちが何を食べるべきかを漬物を通して伝えていこうと考えています。
日本人が一番元気で美しくいられる食べ物が日本の「ご飯」とすると、名わき役のように添えられる漬物は、食事全体を美味しくするだけでなく、野菜と乳酸菌という体を支える大きな力を持っています。家族の美しく健康な毎日のために、食卓に風土食品の一つである漬物をのせてください。漬物はどの地域にもあり、たいてい発酵していて、野菜や乳酸菌が摂取できます。それぞれの風土が生んだ食事や食生活こそが健康への近道。食事を通じて健康を得て、美しく楽しい生活を私たちはご提案しています。

【平成二十四年一月十八日「食と健康～漬物が担ってきた役割と使命」より】

平井 誠一(ヒライ セイイチ)

1967年、京都府生まれ。
1993年、西利に入社し、2013年、代表取締役社長に就任し、現在に至る。

株式会社 西利(ニシリ)

1940年、西利商店よりのれん分けとなり創業。1955年頃から直営店や百貨店での販売展開を積極的に進め、1976年に「西利の千枚漬」が総理大臣賞を受賞。その伝統の継承の中から創りだされた新しい味「京のあっさり漬」は、低塩度で季節の野菜の味をみごとに引き出した現代の味です。さらに「健康漬物乳酸菌ラブレ」「西利エコケース」など、京つけものに新分野を拓いた西利ならではの新しい商品を開発し続けるお店。
京都市下京区堀川通七条上ル西本願寺前
電話：075-361-8181
FAX：075-361-8801
URL：http://www.nishiri.co.jp/

十四　泰生織物

和装に独特な魅力を添える
西陣の技術伝承に努める

酒井貞治

上から「紋意匠図の部分」「糸錦袋帯」「紋紙を読み込む手ばた機のジャカード」「糸錦織の技」

西陣織とは

西陣織の原料「絹」

絹がどこから来たのか……。

皆さんご存じのとおり、絹は蚕の繭からできます。蚕が作った繭をほどいた糸をより合わせたものを生糸と言います。シャキシャキとしてあまり光沢のない糸です。

絹の成分は外側の部分をセリシン、中の部分をフィブロインといい、絹糸の断面は豚の鼻にも似ています。糸がシャリシャリして少し蝋をかぶったように見える部分がセリシンです。使用する際は、ほとんどがセリシンを取り除いて、フィブロインだけにした練《ねり》糸という糸を使います。この糸は生糸と比べるとかなり柔らかくて光沢があります。握るとぐいぐいという音がしますが、これが本当の絹鳴りの音です。ただ、夏に使う絽《ろ》の織物などには生糸を使ってシャリ感を出すことがあります。

日本での養蚕は五、六世紀頃から始まりました。平安京への遷都が七九四年ですから、奈良時代以前の話になります。その頃の京都には渡来人といって朝鮮半島や中国から来た人が多くおりました。渡来人のなかに秦《はた》氏という大きな豪族がいました。秦一族は葛《かど》野《の》の大堰を作り、治水や農耕の技術を日本に伝えたことで有名ですが、養蚕の技術を日本に広めた一族としても知られています。葛野の大堰の場所は京都の西、国宝第一号の木造弥勒菩薩半跏像(宝冠弥勒)がある広隆寺の近くですが、秦氏がその地で養蚕を始めたことから、そのあたり一帯が太秦《うずまさ》と呼ばれるようになったといわれています。

秦氏は朝鮮半島南部の新羅《しらぎ》の出身。つまり、絹織物は中国から朝鮮半島を通して日本に伝わったわけです。

西陣織という名称とその特徴

絹が伝えられて以降、絹織物は朝廷の手厚い保護を受けて発展を続けました。それは、都が移っても変わりありません。七九四年に、奈良から京都に遷都され、絹織物は一層重宝されるようになり発展していきました。もっとも、都は戦火に巻き込まれて荒れ果てたこともあったので、浮き沈みはありました。一四六七年に起こった応仁の乱では山名宗全と細川勝元が十一年間京都で戦い続けたため、京都中が荒れ果てて、絹織物を作る人も減ってしまいました。しかし応仁の乱が終わると、職人が再び集まってきて絹織物が復興します。

応仁の乱は西陣に非常に関係があります。山名宗全が率いる西軍の本陣は、現在の五辻《いつつじ》の大宮のあたりにありました。乱後、この西軍の本陣があった付近に大舎人《おおとねり》という織物の技術集団がやってきて、絹織物を復興させました。この辺りの地名は、西軍の本陣から「西陣」と呼ばれ、その辺りで作られる絹織物だから「西陣織」と名づけられたそうです。したがって、一四八〇年頃から西陣という名前が使われるようになったようです。

織物の作り方には二通りあります。糸に先に染色をしてから織っていくことを先染めと言い、京友禅のように白生地を織ったものに絵を描いたり刺繍をしたり金を貼ったりすることを後染めといいます。

一般に織物といわれているものは先染めで作られます。染物といわれるものが後染めです。西陣織は先染めの織物です。西陣織のほか、織物として有名なものに結城紬、博多織などがあり、日本全国では九十ヵ所ほど産地があります。また染物の産地も非常にたくさんあります。そのなかで、経糸《たていと》と緯糸《よこいと》を複雑に組み合わせて、多様な文様を織り出す紋織物には西陣織と博多織などがあります。

西陣織の着物と帯について

着物

西陣織で作られる着物は、本しぼ織（通称：お召し）や紬など、訪問着より気軽に着られる着尺《きじゃく》を多く扱っています。また、友禅染などの後染めの着尺に使われる白生地も生産しています。西陣織というと華やかな着物を思い浮かべがちですが、それは帯の話です。実は西陣の着尺は絣模様や縞模様などシンプルでより普段着に近く、矢絣模様は西陣で生まれて全国に広まったものです。

着物の種類を季節で分類すると、一般的に十月から四月頃までが裏地のある袷《あわせ》で、裏地のない単衣《ひとえ》は夏期を除く五月から九月頃、桜の散る頃から紅葉の便りを聞く頃まで着用します。夏期は紗《しゃ》や絽のような綟《もじ》り織の着物を着ます。用途はフォーマルからカジュアルまで様々です。

帯

着物に合わせて帯も様々な種類があります。私の店では帯を創っております。

帯を簡単に分類すると、丸帯、袋帯、袋名古屋帯、名古屋帯、角帯といった種類があります。

文様の置き方としては、お太鼓と腹の部分に文様を置く「太鼓腹」や、合無地を除いて文様がある「六通《ろくつう》」、それから「全通《ぜんつう》」などがあります。全通は大変珍しく、四メートル五十センチもある帯の端から端まで、文様が織られます。なかには、源氏物語のモチーフを文様にして描いて創るなど、帯全体を一つのモチーフ文様によって描いたものもあります。

また多色で豪華な織物などを創るときは、一つの色の何段階かの濃淡に糸を染めるので、私の店の色棚には相当数の色数の糸が置いてあります。

帯の文様は、彩絹糸と箔と金糸で表現されています。

和紙にふのり、漆、本金箔を使って文様を描いた紙を作り、それを細かく裁断したものを織りこむ技術が引き箔です。柄を紙の上で作るのに、まず和紙にふのり、柿渋を引きます。柿渋は漆との相性も良いので、これを引いて紙に強さを持たせます。次に、その紙に色漆をヘラで伸ばしていき、金箔をはりつけて削り、市松文様を創ります。さらに、もう一度この上に細かく金箔などを、上から振り付けて箔を切金や砂子に表現します。表は金で模様が描かれ、裏は和紙のままのそれをギロチンという機械で〇・三ミリの幅に裁断し、一本ずつ織物の中に引き込んで柄を再現します。

漆を使いますが、蒔絵に代表される漆工芸の技術は、日本が世界で一番です。陶磁器のことをボーンチャイナといいますが、漆器のことはジャパンといい、日本の食器といえば漆器といわれるくらい漆器は大切にされています。漆の語源は、潤う、麗しいだそうです。強さと美しさはなかなか兼ね備えられないものですが、漆はそれらを兼ね備えた素晴らしい染料だと思います。漆は長持ちするので、私の店で創った帯も土に埋めておくと、漆の部分と金属だけは残るのではないかと思います。

金糸は見た目より軽いものです。よく金や銀を伸ばした金線が織ってあると思われていますが、実は糸に金の箔が巻きつけてあるのです。

金糸の歴史はかなり古くて、正倉院に出てくる刺繍の紋にも使われています。金線では重くて扱いづらいので古代の昔から考え出されたものだと思われます。金糸にも色々あって、銀、プラチナを使ったものもあります。

撚り方には丸撚り、蛇腹撚り、羽衣撚りと数種類ありますが、帯には一般的に丸撚りが使われます。丸撚りとは芯糸が見えないように裁断した箔をピッシリ巻く方法です。太さも三分《ぶ》と呼ばれる極細のものから、標準となる太さで、最もよく使われる一掛《がけ》、特殊な織物や刺繍などに使われる太物の二掛、四掛など用途によって様々なものがあります。いずれにせよ金糸は織物に光沢や重厚さなどを与える役目を果たしています。

西陣での帯創りの工程

西陣の帯創りは分業制で行われているので多くの工程がありますが、それぞれが独立した企業・営業所になっています。西陣が始まって以来、「原料の準備」「製織の準備」「企画・製紋」「機の準備」「製織」「仕上げ」

の六つの工程があり、どれが欠けても帯は完成しません。私たち織屋の役割はこれらの全工程の統括になります。

文様の創り方についてお話ししたいと思います。

どんな文様にするかを考えるのは私たち織屋です。古今東西の美術の本や美術品、街に飾ってあるポスターや子ども用の絵本、日々の生活のなかから文様のイメージやモチーフを探し出します。それをきっかけに文様を考案して紙の上に大雑把な絵を描き、図案家さんと一緒に「あたり」を創ります。「あたり」は織屋が頭のなかにある構想を図案家さんと話し合いながら、木炭を使って紙面に具体化していく作業です。織屋の想いと図案家の感性や意見が融合してできた「あたり」を元に、細部まで細い線できっちり描いた「草稿（骨書《こつがき》ともいう）」を創ります。これに彩色したものが「図案」となります。

西陣は紋織物なので、図案をもとに文様を織るためのデータ（紋）を作成し、それを使って織布工さんが織ることになります。

紋は「紋意匠図（紋図）」という文様の設計図と設計図を元に作られる「紋紙（パンチカードまたはフロッピーディスク）」がセットで作られます。紋意匠図を作る人を紋屋といいます。紋屋さんは図案を見ながら、罫紙《けいがみ》と呼ばれる方眼紙に文様を拡大して描いていきます。方眼紙の縦罫は経糸を、横罫は緯糸を表します。紋意匠図は経糸と緯糸の交わりを示していますが、緯糸の両端がどの経糸まで織られるのかを正確に示すよう、方眼紙の升目通りに彩色しなければなりません。この作業を「羽釣《はつ》る」といい、彩色されたところを「羽釣《はつり》」といいます。図案では曲線で描かれた場所も、羽釣ると方眼を埋めていくので階段状に表現されます。そのため方眼が細かいほど、線は滑らかな曲線で描かれることになります。同時にその横に「メートル」

と呼ばれる太い縦線が引かれた部分も描いていきます。これは紋意匠図に使われている各色をどこからどこまで織るのか、緯糸をどの順番で織っていくのかを示すものです。このように、織屋の意向に沿いながら、文様の色や組織、織り技法を考慮して、紋屋は製織可能な設計図「紋意匠図」を描きます。

「紋意匠図」を元に、紋紙に紋彫《もんほり》作業が行われます。文様を各色に分解して、紋彫機で短辺の穴をひと並びずつパンチした紋紙を作り、それを紋編屋《もんあみ》が連結させ、織屋へ紋紙が届きます。

紋紙は機の上部に取り付けられたジャカードという機械でデータとして読み取られて製織の際に活用されます。ジャカードは横針と竪針《たつばり》で成り立っており、横針で読み取った紋紙のデータを竪針に伝えて、織物の経糸を上下させる機械です。これは一八〇六年にフランスのジャカールが発明しました。またジャカードは、我々が日常的に利用しているコンピューターのルーツでもあります。紋紙によって予め与えられた文様を織るという制御システムが　PCS(Punch Card System)統計機械を生み出すことに繋がったからです。

かつては、これだけの人の手を経て紋紙は作られましたが、現在では大半がコンピューターを使って作るようになってきました。図案や紋意匠図をスキャナーで読み取り、紋制作ソフトを使えば、ある程度の羽釣も自動的に入り(多少の修正は必要)、色の整理や地組織や織る時の約束事・条件を入力すれば紋ができます。これをプリンターで出力すれば紋意匠図となり、柄と紋のデータはフロッピーディスク保存できるのです。ダイレクトジャカードという機械でフロッピー内のデータを読み込めば、紋紙がなくてもジャカードを制御することができるようになりました。

帯の表現方法

帯には様々な文様が織り込まれていますが、目を引くのは図柄の複雑さや色の美しさだと思います。そこで、あの色の濃淡がどのようにしてできるのかをお話しましょう。表現の仕方は色々ありますが、代表的なもの三つを紹介したいと思います。

まず繧繝《うんげん》という方法です。白、薄い紫、濃い紫など同じ色を濃から淡へ、淡から濃へと層をなすように繰り返し、階段状に濃淡をつけていきます。繧繝は奈良時代に中国から伝わった彩色方法で、もともとは建築物の内部の装飾などに使われていました。層で色を入れていくので織物に重厚感を与えることができます。

次に砂子という方法があります。砂を撒くように創るのでこのような名前がつきました。粒子はたくさん集まれば色は濃く見え、粒子を散漫にすれば色は薄く見えます。点の多少によって濃淡を出す技法です。経糸と緯糸の交わりを多くするか少なくするかによって色の濃淡を表すことができます。繧繝の方法なら三色の濃淡を創るのに三色必要ですが、この方法であれば一色で二色を表すことができます。少し省力的な織物の方法です。

最後に浸込《しみこみ》という方法があります。例えば、赤と緑と紫がかった青と金色くらいしか色は使わなくても、この方法を用いると非常に多色に見えます。絵具をパレットで混ぜて別の色を作るのと同じように、二色以上の緯糸を必要に応じて同じ個所に織り込んでぼかすことで、多色に見せる技法です。原色に近い色を使うとよりはっきりと効果が出ます。この技法は本来、濃淡の二色を使って中間色を作るために使うのですが、試しにこの方法で織ってみるとうまくいきました。

このような手法を使いながら、私たちは帯を織っております。

伝統ある西陣織の技術を守る

泰生織物株式会社について

戦前、西陣には「泰成織物」という立派な老舗の織屋さんがありました。業績の向上とともに二百台の機を操業するに至りましたが、第二次世界大戦中の企業整備により営業を中断しました。その後、昭和二十二(一九四七)年に秦成織物の支配人であった初代社長・北尾徳太郎が個人営業として、泰生織物の前身である「北尾徳織物」を創設しました。昭和三十二(一九五七)年、前社長の北尾諭一が修業後、「新たに生まれる」意を込めて「泰生織物株式会社」を設立し、三年後に北尾徳織物と合併して今に至っています。

和装の魅力を引き出す伝統技術

織屋の仕事は帯を創ることだけではありません。西陣伝統の細かく分業された工程の各技術に、時代の新風を吹き込みながら次の世代へ伝えていく「技術伝承」という大きな役割があります。織布工のみならず、各工程で老齢化、人の減少が続いています。また、科学技術によって生み出された素材を使用したため風合いが改悪された帯が世間に溢れています。

しかし、着物や帯のように最終の形が決まっている物の魅力は、色と文様ではないかと考えています。西陣の伝統技術は和装に独特の魅力を付加し続けてきました。今後も本当の帯創りのために西陣に伝わる伝統の技と心を守り、次の世代に引き継ぐことが使命だと考えています。

【平成二十一年一月十四日「西陣の帯よもやま話」より】

酒井 貞治(サカイ テイジ)

1952年、京都府生まれ。
1971年、泰生織物に入社し、2011年、4代目代表取締役社長に就任し、現在に至る。
著書に『帯創りの知恵袋』がある。

泰生織物 株式会社(タイセイオリモノ)

1957 年、前身の「北尾徳織物」と合併して創業。今日まで西陣織の織元として「質」をモットーに自然の生み出した最高の素材、感性豊かな意匠、西陣伝統の至高の技術力を駆使した帯創り・販売を行っている。

京都市上京区今小路通御前通西入紙屋川町 838-3
電話：075-461-1539
FAX：075-461-1540
URL：http://www.taiseiorimono.co.jp/

十五　亀末廣

吉田　孝洋

売って喜ぶよりも、買って喜んでいただく。亀末廣の精神を守り伝える

上から「干菓子製造に使う木型」「京の十二月」「勅題菓略図」「京の四季」

日本におけるお菓子の歴史

お菓子の祖

古墳時代のお菓子は、木の実とか草の実など現在でいう果物類でした。桃とか栗とか柿とか柘榴などですね。これには一つの逸話があって、十一代垂仁天皇が病気になったときに、病気を治す聖薬として非時香菓《ときじくのかぐのこのみ》、現在でいう橘（花や実や葉が長く木に保たれてるので）を探して来るよう田道間守《たじまもり》という忠義な部下に命じました。彼は十年間の歳月を費やして中国やインドを巡り、橘を手に入れて帰ってきますが、すでに天皇は亡くなっていたそうです。彼は橘を献上した後、殉死したといわれています。その逸話から田道間守は兵庫県の出石にある中嶋神社に菓祖神、いわゆるお菓子の神様として祀られています。

古代から近世にかけて

五七〇年から六二〇年あたりに、遣隋使や遣唐使により仏教伝来と共に唐《から》果物という甘いものが菓子として日本にもたらされました。七五四年には唐の僧・鑑真和尚により砂糖、現在でいう蜂蜜が伝えられました。平安時代に入りますと、空海が煎餅の製法を伝えています。平安時代中期には雑餅《ぞうもち》が用いられ、日本固有の菓子の原料として初めて大豆や小豆、胡麻、味噌類、さつまいもといったものや梨や桃などが用いられるようになりました。

一一九一年に、栄西が日本で初めて博多に茶の木を植えたことから茶道が始まり、一五〇〇年代半ばまでに、栄西、道元等が始めた禅宗が盛んになります。禅宗仏教を基礎として茶道が発達し、それに伴って点心も発達したようですが、鎌倉・室町時代の点心は、中国の料理に添えるお菓子、または茶請けのお菓子で、今でいうおやつのようなものと考えてもらって結構です。

一三四一年には元の林浄因によって饅頭の製法が伝えられています。林浄因は建仁寺の龍山禅師《りうざんぜんし》によって帰化した後、奈良饅頭を作って有名になりました。奈良饅頭は、後に塩瀬饅頭として売り出されて江戸時代には一世を風靡したと伝えられています。

室町時代中期から安土桃山時代の前期にかけては、将軍の足利義政の頃に茶室や数寄屋建築が多く作られ、茶道が盛んになりました。南蛮菓子時代といわれて、点心、あつもの、麺類の他に餅類などが茶味として用いられたほか、宣教師により金平糖も入ってきました。一五七三年には南蛮菓子の輸入が盛んになってきて、カステラ、ボーロ、金平糖、カルメラ、ビスケット、鶏卵素麺等が輸入されました。同時期に、千利休の出現で茶の湯がさらに盛んになり、京菓子も大いに発展しました。一五八七年、豊臣秀吉が北野の大茶会を催し、おこしやきんとん、羊羹、みたらし団子、ちまき、葛餅、わらび餅などがお菓子として振る舞われたようです。ただ砂糖は貴重だったので、これらの菓子には使われていませんでした。

安土桃山時代後期から江戸時代にかけて、菓子はさらに発展し、一五八九年には伏見の駿河屋《するがや》で初めて練り羊羹が作られ、人々を驚かせたそうです。私の店の錬り羊羹も駿河屋から伝授されたと、先代から聞いています。一六一〇年頃には、奄美大島で黒砂糖が作られるようになり、砂糖の輸入が盛んになった江戸時代の元禄・享保の頃には、饅頭や羊羹にもよく使われるようになります。砂糖が非常に多く出回ったので、幕府は特定の上菓子屋を京都では二四八軒、さらに菓子を御所に献上できる二十八軒の特定の菓子屋を選んだそうです。

有職故実、儀式、茶道に用いられた京菓子

和菓子の種類

和菓子の種類は作り方によって、蒸し菓子(現在の生菓子)、焼き物、半生菓子、干菓子に大別できます。

蒸し菓子のなかには、皆さんご存じの大福餅やうぐいす餅、草餅、萩餅などがあります。萩餅はもち米とうるち米を混ぜて炊いて、すり鉢などで粗くつぶしたもので、牡丹餅同様、春・秋のお彼岸に用いるお菓子です。赤飯や上新粉、端午の節句にお供えする柏餅も属します。酒饅頭には、そば饅頭や米饅頭、葛饅頭、栗饅頭、かるかん饅頭など色々あります。蒸し羊羹、京蒸し羊羹、丁稚羊羹などこの辺は皆さんよくご存じだと思います。

焼き物には、どら焼、きんつば、桜餅、カステラ、錬り羊羹、錬り切りがあります。桜餅は関東と関西で違いがあります。関東風は江戸の向島で生まれ、小麦粉皮を薄く伸ばして焼き、こしあんを包んで塩漬けの桜の葉で巻いたものだといわれていますが、関西風はもち米を蒸して干し、粗めに割った状態の道明寺粉の生地で饅頭のように包んだものをいいます。

半生菓子には、もなか、州浜、桃山などがあります。代表的な州浜は、大豆、青豆を炒って挽いた州浜粉に砂糖と水あめを加えて、よく練って作ります。

干菓子の中には、打ち物、落雁、押し物、焼き物(煎餅)、飴などが入ります。空海が伝えた煎餅は亀甲煎餅にあたり、小麦粉と砂糖と鶏卵を合わせて、塩竈、芥子粒を入れて亀の甲羅型に焼いたものです。

和菓子の材料

和菓子の材料は、小豆や隠元などの豆類と、もち米や米粉、小麦粉などの穀物類、芋類や栗、梅、葛、寒天、砂糖など天然で作られたものがほとんどです。草餅の材料となる蓬は日本全土に自生して、特に青森県や長野県で多く採取されます。四月から六月に集められ、柔らかく生き生きとした青葉で、軸に白く太い産毛のあるものが良いようです。変色を防ぐため、できるだけ早く熱湯で湯がきをして、乾燥した粉末状の乾燥蓬や冷凍蓬に加工します。

葛はマメ科の蔓の多年草で、地下に肥大したひも状の塊根からデンプンがとれます。これが葛粉となります。奈良の吉野葛が有名ですが、今では鹿児島産が全国の九十%を占めています。

わらびは多年草でシダ科に属しています。地下深くに長く横たわっている根茎に良質のデンプンが含まれています。わらび餅は、わらび粉を水と砂糖で加熱しながら混ぜて作られた生地であんを包んだもので、昨今ではさつまいも、タピオカ、葛粉を使ったわらび餅も作られています。本来のわらび粉だけのものは少し茶色です。

京菓子とは

現在では、京都で作られている和菓子の総称を京菓子といっているのですが、本来は、有職故実、儀式、典礼や茶道に用いられる菓子のことを呼び、地方の菓子とは一応区別しています。

京菓子は和菓子の材料を使いますが、近隣に質の良い原料が収穫できる産地に恵まれています。東方に江州のもち米、北に丹波の大納言、栗、黒豆、自然薯などがあります。愛宕山麓の柚子、備中岡山では真珠の小さな粒くらいの貴重な白小豆がとれます。若狭や丹波では寒天も作られます。北山からの鴨川の水源は、非常に美味しい水で、和菓子を作るのにこれも大変恵まれています。吉野で葛がとれ、阿波徳島では特殊な製法で和三盆糖という砂糖も作られます。この砂糖は日本独特のものです。

京菓子の誕生と発展の背景

京都は町の中心に御所をはじめとする公家や武家が多く存在し、寺院の本山が集まる宗教都市としての特色も持っているので、祭事にはよく菓子が使用されていました。また茶道三千家の家元もあり、菓子はお茶会には欠かせないものとして、茶道とともに発達してきました。

京菓子というのは、口に美味しいと感じるだけではだめで、人間の五感を満足させてこそ、その名にふさわしい存在といえると思います。耳を満足させるには、店の名称、菓子の名、すなわち和歌や俳句、花鳥風月の心を意匠したものの表現が重要となります。目では、デザインのシンプルさ、色彩による季節感などを楽しんでいただきます。鼻では、材料の持つ自然の香りを感じ取る感性に誘いをかけます。これが地方の菓子とはずいぶん違う特色ではないでしょうか。

和菓子は茶の湯と関係が深く、茶道の美意識が菓子に色濃く反映されています。そのため茶席の雰囲気や道具の取り合わせをわきまえて出過ぎず、それでいて客をもてなす心を十分に伝えるものでありたいというもろもろの条件を満たすものが京菓子だといえます。

京菓子に欠かせない材料

丹波大納言

菓子には小豆が欠かせません。小豆のもとは中国から渡ってきたと思いますが、現在使われている小豆の九十%くらいは北海道産でしょう。しかし、京都の北部で作られている丹波大納言が日本一、世界一の小豆だと私は思っています。実際に私の店で取り扱っている「亀末大納言」は丹波大納言を百%使っています。ただ、こしあんに使うものについては、丹波の小さな粒の小豆より北海道の大きな粒の小豆の方が良いと聞いています。

丹波大納言の歴史を先代が書いたものを使って説明します。

丹波氷上郡は小豆の栽培に適していて、紫玉のような光沢があるこの上ない良品を産出しておりました。この地は亀山藩、青山氏の領地でした。山間地域で、非常に狭い地だけが丹波大納言を栽培するのに適していたとされています。宝永二(一七〇四)年、青山氏はこの地方で産する大粒の小豆が他に比類なき美味であると賞賛し、庄屋に対してその大量生産を命じました。丹波氷上郡誌には、藩主はこの大粒の小豆を幕府に献上し、さらに天皇への献上品として重宝したと記述されています。

小豆のなかで赤が濃いものは自然に紫を帯びますが、この色を禁色《きんじき》と称して、昔は大納言以上の身分の人のみが使用を許された色でした。「小豆の赤色は、赤の上となる服色によせて大納言と称せられ起こる」といわれ、禁中で「大納言小豆」と名付けられました。

丹波大納言は、煮詰めても形がつぶれない、光沢が美しくて形が俵に近い、糖分を含みカスが残らない、味が良いなどの特色を持っています。なかでも、春日大納言が採れる丹波の春日町が、丹波地方でも一番良い大納言がとれる地域といわれています。春日町の気候は小豆の生産に適しており、二百年に及ぶ栽培技術の蓄積は伝統として今なお息づいています。

余談ですが、かつて大納言という地位は、宮中においては刀を抜いても切腹は免れたというほど高位です。その名前を冠する春日大納言が煮ても腹が割れないのは、その特徴をよく言い当てて名付けられていると先代は書いています。

備中の白小豆

女性のイヤリングに付いている小さな真珠くらいの大きさの粒で、栽培に非常に手間がかかる高価な小豆が白小豆です。白小豆の多くは備中・岡山で生産され、丹波地方でも取れます。ただ非常に作りにくいので、量的にはあまりたくさん作れません。

天武天皇の頃、吉備の国が備前、備中、備後の三つに分かれていて、備中の白小豆は、この地方の特産品でした。標高四百メートルから五百メートルでも温暖な吉備高原では畑作物の栽培が盛んで、高原の断層を流れる高梁川から立ち上る水蒸気が、農家の丹精と豊かな経験と相まって良質の白小豆を産出します。白小豆は、和菓子のしろあんになります。しろあんには、一般にささげ豆、隠元、手亡豆、菜豆などが使われるのですが、風味、香り、色つやの良さでは備中産の白小豆に勝るものはありません。小豆はタンパク質や糖質に優れ、ビタミンB_1、B_2を含有するサプニンという物質を含んでおり、便通を助けるはたらきもあります。

和三盆

京都の菓子屋では和三盆を使っているという話を耳にされたことがあると思います。私の店でも、ずいぶん昔から使っています。

和三盆糖は、今から約二三〇年前、讃岐の国(現在の香川県)の向山周慶《さきやましゅうけい》によって、酒搾りの方法を応用して生み出された純日本産の最高級の白砂糖です。周慶の苦心によってこの地方に生まれた和三盆糖は、以後、長い経験と熟練された技術を受け継ぎ、昔ながらの手法で芸術的ともいえるまろやかな風味と高価な香りを今に伝えています。

これはできるまでに大変な手間がかかります。春に植えたさとうきびが背丈以上になる十一月下旬に刈り取ります。まず、渋皮を取り、搾り器にかけて糖液を搾り取ります。糖液を荒釜で煮てあくを取り、上釜で百度以上の温度で煮詰めて原料の白下糖《しろしたとう》を作ります。でき上がった白下糖を木管の中で二週間寝かした後、白布袋に詰めます。そして、昔ながらの押し舟と呼ばれる道具で、てこと石の重さを利用して、袋に入った白下糖から糖蜜を搾り取るという作業を何度も繰り返し、少しずつ糖蜜を取ります。次に研ぎという作業で、熟練された職人の手で丹念に、練りあわされた糖と蜜を分離していきます。最も技術を要する作業ですが、冬の真っ最中に行います。押しと研ぎを数回繰り返すと、白くきめの細かい和三盆糖ができます。乾燥した和三盆糖をふるいにかけ、粒子をそろえてでき上がりとなります。

和菓子作りの道具について

和菓子作りの道具の一つに木型があります。私の店は二百年あまりの歴史ですが、元々、干菓子から始まった店ですから、干菓子に使う木型が大変重要な役目を持っています。

店には代表的な木型がありますが、おそらく、現在の木型の彫師さんにはあれだけのものを掘る方はまずいないと思います。


菓子の木型には大小様々な大きさがありますが、私の店には小さな型のものが多いです。木型は、桜の木を十年以上乾燥させて、客の注文に応じて木型職人に型を彫ってもらいます。桜の木は非常に硬くて粘り気が強く、使い込むことによって柔らかな線が作りだされて、菓子に上品さが出てきます。もち米を粉にしたものに砂糖と蜜を加えて、その木型にしっかりと詰め、型取ってから乾かすと、落雁や押し物と呼ばれる干菓子ができます。ふくら雀という型は、有名な日本画家の竹内栖鳳《たけうちせいほう》先生のデザインといわれています。茶筅松《ちゃせんまつ》の型は葉と芯の花を彫ってあり、稲穂の型は丁寧にもみ殻の筋まで細かく彫ってあります。御所菊《ごしょぎく》という型には、花片と花房が細かく非常にたくさん掘ってあり、高貴な菊の姿をしています。

亀末廣について

代表的な菓子

「京の四季《よすが》」は、別称では四畳半と呼ばれている四季を通じて味わっていただける亀末廣の看板菓子です。

五感を満足させる手の込んだ、干菓子と半生菓子の詰め合わせです。美味しくて日持ちがして、全て素材が異なる色彩豊かな菓子です。中心の炉を切った真ん中には米を芯にした金平糖などが詰まっています。有平糖、片栗物、生砂糖、州浜、和三盆糖などで四季の花鳥風月を表現した求肥や松露、落雁が入っています。秋田杉で作った器により、菓子にやさしく自然呼吸できるよう気を遣っています。菓子をしっかり見ていただき、季節感と明視を楽しんで頂けると幸いです。

次に「京の十二月」があります。これは、普段はほぼ見ることはできません。十一月までに注文を受けて、年末の事始め以降、年内くらいまでにお渡しする特別注文品です。ほとんどが干菓子で、三週間ほどは日持ちします。この菓子は京都の様々な行事や祭りのうち代表的なものを純干菓子で表現したもので、一月から十二月まで月ごとに小箱で分けられています。器は江戸の千代紙として有名ないせ辰製で、亡きいせ辰の先代とうちの先代が親交を厚くしていたため、特別に作ってもらいました。

一月(睦月)御所の左近の桜、右近の橘、二月(如月)伏見稲荷の鳥居と榊と鈴、三月(弥生)円山公園の桜と田楽、四月(卯月)都をどりのだらりの帯と光明の団子、五月(皐月)嵐山の筏流しに青葉の楓、六月(水無月)苔寺の苔と枯松葉、七月(文月)祇園祭そのもの、八月(葉月)大文字の送り火を水の流れにさざれ石、九月(長月)高台寺の萩の花を照らす月、十月(神無月)時代祭りの行列の旗と紋、十一月(霜月)高雄の神護寺のかわらけと紅葉、十二月(師走)水庭や松葉、さざれ石まで全て純白の雪で覆われた、雪化粧した金閣寺です。一切発送はいたしません。

「ちとせ」という懐中汁粉は四代目が明治初期に考案したもので、お湯をかけるとすぐに食べられます。正月に食べるぜんざいを夏にも食べられるように工夫したもので、暑気払いの健康法としてよく売れたらしいです。二月に餅をついて直径二十センチ大の円盤状にして保管し、これを湯気で柔らかくしてこしあんを入れ、烏帽子状に包んでガスで焼いて焦げ目をつけます。縦十一センチ、横十センチと大きく、あんには工夫があります。食べるときは大きめの器に入れて熱湯を注ぎ、好みで三分から五分待てばでき上がります。これは本来冬に売るものですが、私の店では六月下旬から九月の中旬にかけて、決まった数を作っています。

亀末廣の代々の店主

現在は亀末廣といっていますが、当初は亀屋末廣といい、初代亀屋源助《かめやげんすけ》は伏見の醍醐で茶釜を鋳造していました。志を立てて京に上り、文化元(一八〇四)年、烏丸五条に菓子屋を営んだのが始まりといわれています。その後すぐに現在の地、烏丸姉小路に移りました。初代は四十二歳で亡くなり、二代目亀屋源助に引き継がれました。二代目には実子がいましたが「自分は菓子屋には向かない」と後継ぎを辞退したため、宮中御用人の中村吉右衛門《なかむらきちうえもん》を三代目に迎えました。その人は新しい所から来たためか、慶応三(一八六八)年に三十二歳で亡くなっています。結局、三代目を継ぐはずだった二代目の実子が四代目を継ぐことになりました。

四代目は特に風流を好んだ人で、それが商いにも反映されていたようです。その例として、四代目が作った庭園があります。当時、姉小路通車屋町角から御池通までが店の敷地で約五百坪ほどありましたが、敷地の三分の二は庭でした。そこに池を作り、太鼓橋を作って船を浮かべて楽しんだようです。その頃、和菓子を求めた客というのは公家や武家など、ごく限られた人々で、遊びの文化を菓子に取り入れ、菓子名が何の題材からとられたかを意味深く読み取って楽しんだそうです。

屋号が亀屋末廣であったのは三代目までで、それ以降は登録商標を亀末廣と改めています。鶴屋とか亀屋とか笹屋とか屋号で始まる菓子屋が多く紛らわしいので、屋を取って亀末廣に変えたようです。

亀末廣の店主は五代目より実名を名乗るようになりました。五代目の主人は、吉田吉治郎《よしだきちじろう》といって亀末廣の最盛期の店主です。当時は、京都のあらゆる神社、仏閣、料亭に菓子を納め、日暮れになると奥座敷に菓子箱が山のように積まれて、坪庭も見えなかったと聞いています。五代目は色彩感覚が非常に優れていて、日本画家とも親交を深めた人でした。現在、亀末廣の商品の色彩が豊かなのも五代目の努力の賜物です。

その後、六代目を吉田弘造《よしだこうぞう》が継ぎました。先代でもある六代目は私が初めて指導を受けた人で、とても純粋な気持ちを持った人でした。金さえ出せば何でも手に入れられるという客には、時として商品を売るのを断る姿を見たことがあります。心をこめて作ったものは、たとえわずかでも味を知っている人に売りたいという気持ちを持っていました。戦時中、八年間店を閉めていました。それは先代が闇で販売されている砂糖を使ってまで菓子を作るのを拒んだからです。商売を再開したのは、馴染みの客に熱心に請われたからと聞いています。戦後は、職人もばらばらになっており、古い職人は一人だけ戻ってきましたが、他は新しく中学を卒業したばかりの三人を雇って、家族とともに店を再開しました。そのため、先代はあまり大きな商いをしてはならないと考えたそうです。客と主人がコミュニケーションを図れることが第一と考え、それまで取引のあった神社、仏閣、料亭を一軒一軒回って、菓子を買ってくれるよう頼んだそうです。

私は、客に満足してもらえるような菓子を作って、食べていただくことの大切さ、そのためにはいつ食べてもらえるかを常に頭において作るよう心がけています。「食べ物には食べ頃というものがあり、その一番美味しいときに食べてもらって、喜ばれることほどうれしいことはない」と、先代はよく言っていました。

先代とご一緒させていただいたのは、わずか三年半くらいの短い間でしたが、商いの一切を教えてもらいました。もちろん、理解できないこともありましたが、朝起きてから夜寝るまで寝食を共にし、あらゆることを親切丁寧に教わりました。この期間は私にとってかけがえのないものでした。先代は菓子に惚れ、菓子を愛し、菓子と共に人生を歩んだ人でした。末期がんで亡くなりましたが、その生き方には共感するところが多くあります。私は薬科大学を卒業して、少しの間、製薬会社に勤めましたが、縁があって一人娘と結婚し、全く別の世界から飛び込んで四十年近くが経ちます。現在の私があるのは、先代あってこそ。先代は私にとって経営者としての良い見本です。

代々受け継がれてきた菓子作りへの思い

亀末廣は季節感を特に大切にしています。四代目源助は、草花の意匠を生かし、風味と色、味の備わった菓子を考案しました。これが干菓子のもとになったといわれています。先代は、創意工夫により干菓子の詰め合わせ「京の四季」を考えましたが、これは四季折々のものを二十種類ほど入れた干菓子の傑作でしょう。「京の土」という風流煎餅は先代が高山寺を散歩していた時に、敷石の上に一枚の紅葉したもみじが落ちてきたことにヒントを得て、苦心して作ったものです。

どの菓子にもそれぞれ工夫を重ねた結果、大きな信用を得ることにつながり、江戸時代には御所や二条城の出入りを許されました。徳川幕府発行の砂糖の鑑札がそれを物語っていると思います。また、私の店には「勅題《ちょくだい》菓《か》略図《りゃくず》」というレシピが残っています。代々の主人が店の職人に干支や勅題にちなんだ菓子を作らせて、優秀な者には、惜しみなく賞金を与えていたのです。他店との競争が少ない時代に、こうして店の品評会に出された作品の数々が、このレシピには細かく記録されています。これからもごひいき様一人一人の顔を思い浮かべて心をこめて作る菓子を大切にしたいと思っています。

【平成二十三年九月七日「京菓子のすばらしさ、その魅力」より】

亀末廣について

吉田　孝洋（ヨシダ タカヒロ）

1941年、京都府生まれ。
1968年、東北薬科大学卒業後、サンド薬品を経て、1971年に亀末廣に入店。
1975年、7代目店主を継ぎ、現在に至る。

亀末廣（カメスエヒロ）

1804年に伏見醍醐の釜師であった初代・亀屋源助により創業。以降、二条城の徳川家や御所から特別注文を賜ってきた歴史を有す京菓子の老舗。なかでも銘菓の「京の四季」は色彩豊かで愛らしい半生菓子・干菓子の詰め合わせで「四畳半」という愛称で多くの人々に親しまれており、季節ごとに内容が変わるので、箱を開けるところから楽しめる。
京都市中京区姉小路通烏丸東入ル
電話・FAX：075-221-5110

十六　いもぼう平野家本家

北村　眞純

続ける、つなぐ、積み上げる。一子相伝で伝える伝統の技と味

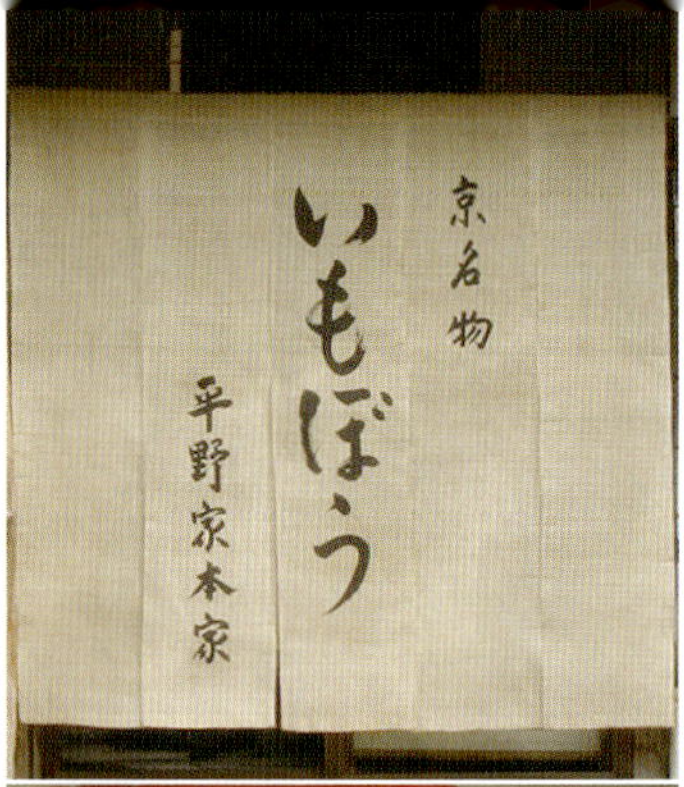

上から二番目より「いもぼう」「海老芋と棒鱈」「川端康成の書、美味延年」

食と人間の関わり

私たちの祖先が地球上に登場したのが、三百万年から五百万年前といわれています。以来、食と人間の関わりは非常に強いものがあります。当初、人間が食べるという行為は、本能に基づいて単に空腹をいやし食欲を満たすことに過ぎず、動物が餌を食べるのと同じ意味でしかありませんでした。しかし、ある時、人間は火の使用を覚えます。それによって焼いたり煮たりする調理方法が進化し、餌を食べるだけから調理することが始まりました。塩をはじめとした調味料や香辛料を使うことで調理方法も食事の内容も多様化し、さらに料理を美しく盛るための器の工夫や、食事に関する儀式や作法を定めるようになって、ついには食文化が発祥するに至りました。人間が他の動物と違う点は、食文化を持っていることではないでしょうか。

食文化が育まれる様々な要因は三つ考えられます。第一に気候と風土。世界には暑い国もあれば寒い国もあります。砂漠のような乾燥地域もあれば熱帯雨林のような地域もあり、日本のように四季に恵まれた地域もあります。そのなかでも沿岸部や内陸部といった地域内の気候の違いもあります。「Ｆｏｏｄ ｉｓ 風土」という言葉があるくらい、土や水、温度や湿度などの自然環境が食文化の形成に大きな影響を及ぼしてきました。

第二に政治と経済が挙げられます。政治は時の権力ですし、経済はそれらをとりまく財力です。権力と財力は食文化の質を高めるのに重要な役割を果たしてきました。

第三に歴史があります。歴史は知恵の集積ですが、食の歴史は人間の知恵の歴史とまで言われています。以上の三つの要素が複雑に影響しあって、それぞれの地域・国に独自の食文化が発生してきました。料理を見ればその国の食文化の水準を測ることができるといわれています。食文化はその国のバロメーターなのです。

日本料理について

日本料理の変遷

日本の料理のルーツは、神饌、いわゆる神様にお供えする食物であるといわれています。現在でも、全国各地の神社では日常的に神饌が供されていますし、皆さんのご家庭でも神棚を持っていらっしゃれば、毎日、お供えをされていると思います。その内容は、水、塩、米、酒、餅、海の幸、山の幸などです。

平安時代になると、貴族階級の食生活が形式化し、それまでの宮廷料理が有職料理として確立されます。この時代に日本の料理の基本ができあがったといわれています。この事実を裏づける一つに、料理の祖神《おやがみ》とされている藤原中納言山蔭卿《ふじわらのちゅうなごんやまかげきょう》（藤原山蔭）が、平安時代の初期、八二四年に生まれました。包丁の祖ともいわれており、包丁の技に長け、割烹に長じて、調理を道として大成した人です。実は、八五九年に奈良の春日神社（現、春日大社）から勧請して京都の吉田山に吉田神社を創建した人でもあります。東山通りから近衛通りを東に行き、吉田神社の参道の階段を登りきったところに広場がありますが、その山際に鹿の像があります。その鹿の像が春日神社との関係を示しているそうです。余談ですが吉田神社が創建一一〇〇年を迎えた昭和三十四（一九五九）年、私の祖父がその奉賛会長として、京都の料理組合を中心に全国の料理業界に呼び掛けて、山蔭神社が吉田神社の境内に創建されました。場所は本宮から大元宮に向かう参道の中ほどにあります。毎年五月には例祭を執り行っていますが、今年（二〇〇九年）で五十周年を迎えました。

鎌倉時代には武士階級が登場し、仏教が定着、精進料理が誕生。この時代に包丁師も登場したといわれています。南北朝時代になると武家社会が貴族化して、形式主義、儀式主義を取り入れ本膳料理が考え出されます。この時代には料理の流派も誕生し、食事作法も誕生したといわれています。さらに室町時代になると、茶道が隆盛し、懐石料理が確立しました。ただ昨今は、会席料理と混同されているのでしょうが、全く茶事に伴う茶懐石の体をなしていないのに懐石料理を謳って営業をされているのを時々見かけ、少し残念に思っています。

安土桃山時代になると、南蛮料理、中国料理が流入し、江戸時代になると、普茶《ふちゃ》料理、卓袱《しっぽく》料理が生まれてきます。普茶料理とは中国式の精進料理で、現在、黄檗山万福寺《おうばくさんまんぷくじ》に伝わっています。卓袱料理は中国料理が日本化したもので、長崎に伝わりました。江戸時代の中頃、明和八（一七七一）年には、江戸に初めて会席茶屋が深川の州崎という所に出現しました。屋号を升屋《ますや》といい、その主人が京都の円山《まるやま》から招かれ「升屋祝阿弥《ますやしゅくあみ》」と名乗ったと記録があり、店にあった看板には望汰蘭《ぼうだらん》と書いてあったといわれています。これを書いたのは松平南海《まつだいらなんかい》という人物で、松江藩主の松平不昧《まつだいらふまい》の父親でした。不昧は非常に洒落者だったといわれていますが、南海も息子に負けず劣らず洒落者だったようです。当時、江戸では「ボウダラ」という言葉が酔っぱらいを意味していたそうで、南海は、それを洒落て看板に書いたと、江戸時代の戯作者である山東京伝《さんとうきょうでん》がその著書に書いています。また、江戸の風俗と文学の研究者・三田村鳶魚《みたむらえんぎょ》は著書である『足の向く儘』という随筆の中で、望太蘭という看板が深川八幡に保存されていると書いています。私も二十五年ほど前に深川八幡へ行ってきましたが、残念ながら東京大空襲で焼けてしまったとのことでした。

江戸に升屋という会席茶屋が出現した時代より約半世紀ほど前に、京都の円山には、安養寺の塔頭に「〇〇阿弥」と名のつく宿坊が数多くあったそうです。現在でも安養寺から長楽寺にかけての通りに左阿弥という料理屋が一軒ありますが、名前だけが昔の名残をとどめているらしいです。

日本料理を洗練させた京都の地

日本料理の原点は、宮中の有職料理、寺院の精進料理、茶道の懐石料理といわれていますが、これらを育てたのは、他ならない私たちが住んでいる京都です。京都は千年にわたって王城の地で、朝廷を中心に公家や時の権力者が住む日本の都であり、全国各地から人、モノ、金が集まる日本の中心地でした。衣、食、住の全てにわたって雅びな都の水により洗練され、京物として現在に伝わっていますが、有職料理もそのうちの一つです。

また、京都には多くの寺院、しかも本山がたくさんあります。ちなみに平成二十三（二〇一一）年に法然上人の八〇〇年忌を迎える知恩院は浄土宗の総本山であり、同じ年に親鸞上人の七五〇年忌を迎える本願寺は浄土真宗の本山です。精進料理が著しい発展をみた禅宗も、南から東福寺、建仁寺、南禅寺、相国寺、大徳寺、妙心寺、天龍寺と大本山がたくさんあります。そのほかの宗派も同じです。京都には本山が多くあり、精進料理が生まれ育つ背景が整っていました。懐石料理も同様で、表千家、裏千家、武者小路千家の三千家が京都にあるだけでなく、藪内流もあります。

京料理について

京料理の原点

日本料理の原点とされる有職料理、精進料理、そして懐石料理は京料理の原点でもあります。京料理を一言でいえば、目で食べ、音で食べ、舌で味わうといわれています。旬の野菜を中心とした食材の組み合わせ、その旨味を生かす薄口の味付け、自然の色合いを大切にして器との釣り合いを重んじるなどが京料理の特徴でしょう。

京料理を育てるのに大きな役割を果たした存在がいくつかあります。その一つが町衆。西陣織、友禅染、陶磁器、漆器など今日の伝統産業につながる手工業に携わる職人や、それらを販売する商人、購入して風雅を好む人々などです。さらに、五つの花街の存在も忘れてはいけません。しかし、なにより、京都の近郊で野菜を作り続けてきた農家の人々が優秀な栽培技術を開発し、質が良く味の良い野菜を供給し、京料理を支えてきてくれました。

こうしてみると、京都では朝廷から農民までがそれぞれの立場で京の食文化や京料理を育て、支えてきたといえます。

京料理の食材

京野菜は、宮中への献上品や僧侶が京都へ持ち帰ったものなどを、京都の豊かな水と肥えた土地、農民の栽培技術によって作られてきた質が良く味の良い野菜です。現在、三十七種類の野菜が京の伝統野菜として登録されています。京野菜が京料理を育ててきたといっても過言ではないでしょう。

次に、いわゆる一塩物《ひとしおもの》といわれる海産物です。今は輸送手段が発達して新鮮な魚が入ってきますが、昔はそういうわけにはいかず、浜で塩をして運ばざるをえませんでした。浜で塩をしたものが京都へ着く頃には、ちょうど全体に塩が回って良い状態になるので、それを料理に使用していました。代表的なものが、鯖街道によって運ばれた鯖です。「秋鯖や　若狭生まれの　京育ち」という句もあるくらいです。鯖は昔から京都ではハレの食べ物として、お祭りには欠かせない食材です。これ以外にも若狭鰈《わかさがれい》、若狭甘鯛《わかさぐじ》といったものが一塩物として利用されてきました。

次に干物。これも京都が海から遠いため保存食として珍重されていました。代表的なものとしては棒鱈《ぼうだら》があります。その他には身欠き鰊などもあります。鰊蕎麦を作るときに使いますが、あくを取って味付けをしています。他にもあらめとかひじきとか皆さんのご家庭でも使われる食材もあります。

海から遠い京都で食材として大きな割合を占めるのが、川魚です。鯉、鰻、鮒、鮎などがあります。今の京都の料理屋さんの中には、昔は川魚を専門にしていたところもあります。また、鱧《はも》は新鮮な魚が入らない中で、生命力が強く唯一活きの良い魚として入ってくる魚でした。皆さんもご存じの通り、鱧は非常に小骨が多いため、それを何とか食べるために骨切りという技術が生まれました。現在でも、祇園祭の時期にはなくてはならない食材です。

さらに、加工品の湯葉や麸があげられます。乾燥した麸もあれば生麸もあります。豆腐や漬物なども含まれます。京都で漬物を取り扱っている会社は大小含めて一〇一社あるそうです。

京料理の技術

京料理を特徴づける技法としては、まず、薄味があげられます。薄味は食材の持ち味を最大限に生かす料理手法で、元々味の良い京野菜の持ち味を生かすために必要で繊細な味付けです。薄味というと、水くさいと勘違いされる方がいらっしゃいますが、あくまで食材の旨味を生かす、しっかりとした味付けなのです。次に、出合いの味。これは相性の良い食材の取り合わせのことで、先人の経験や知恵が生きている料理手法です。それぞれの食材の持ち味が発揮され、バランスの良い味が生まれます。私どもの「いもぼう」に使う海老芋と棒鱈はその典型であると思います。あと、鰊と茄子、鰤と大根、わかめと筍などもあります。もう一つ忘れてはならないものが酢です。京料理では酢を多用しますが、聞いたところでは、京都は酢の消費量が日本一だそうです。もちろん、鯖寿司にも使われています。

今では全国の至る所で調理されている鱧の骨切りも、元々京都で生まれた調理方法です。

京都で生まれた食材を京都ならではの技術で調理することが、京料理の真髄だろうと思います。土産土法《どさんどほう》という言葉がありますが、その土地で産するもの、手に入るものをその土地の独特の手法で処理するという意味です。京料理はこの言葉そのものだと思います。

「いもぼう」発祥の店

由来

「いもぼう」という名称は、材料である海老芋の「いも」と棒鱈の「ぼう」をとったもので、私どもの登録商標となっています。

今から約三百年前、江戸中期の元禄から享保年間、初代の平野権太夫《ひらのごんだゆう》は御所に勤めるかたわら、菊や野菜を作っていました。ある時、青蓮院の宮様が九州へ旅行され、唐芋《とうのいも》を京都に持って帰ってこられました。この種芋を初代が円山の地で栽培すると、非常に立派な芋が育ちました。海老を湯がくと腰が曲がり縞目がはっきりとしますが、その姿や形が海老に似ていることから海老芋と呼ばれるようになりました。この海老芋と宮中への献上品であった棒鱈を抱き合わせて炊くことに工夫を凝らし、独特の調理方法を考え出して「いもぼう」が誕生したのです。そこでお閑をいただき、平野家の屋号を賜って商売を始め、以来、私の代まで十四代にわたり一子相伝の技と味を守り続けています。

菊作りと「いもぼう平野家」

私どもの先祖は代々菊作りをしていたようですが、特にその遺伝子を強く受け継いだのが、十一代目となる私の曾祖父でした。もちろん店の経営はしていましたが、そのかたわら熱心に菊作りをしており、菊保《きくほ》という号も持っていました。明治十六(一八八三)年に発刊された当時の京都の様々な業種の店を絵で紹介した『都の魁《さきがけ》』という本にも記載されていて、料理屋としての二階建ての建物のほか、庭一面に菊園が描かれています。この建物は、現在の円山公園の池の東側にあったそうですが、明治三十九（一九〇六）年の四月七日に火災が起きて焼失しています。この日は日露戦争直後のことで、岡崎公園で行われた戦勝祝賀会の出張料理の注文を受けていました。出張先で陣頭指揮にあたっていた曾祖父の留守中に火災が起きたのです。その十一日後には、同じく円山にあった也阿弥《やあみ》というホテルも火災で炎上しています。私どもの店は、その後、元の場所より少し北、知恩院との境のあたりの藤ノ棚という場所に再建しましたが、この店も昭和四（一九二九）年に火災で焼失したので、当時のものは何も残っていません。ただ、曾祖父にはいくつかのエピソードがあり、そのうちの一つを紹介したいと思います。ある時、宮中にて各国の大使・公使を招いて夜会が開かれました。その時、卓上の盛花の菊を見つけられたドイツ公使が、「これが日本の国花である菊か」と尋ねたそうです。そばにいた式部官が「そうです」と答えると、「それはおかしい。日本の皇室の紋の菊は十六弁のはずなのに、この菊は非常に花弁が多い」といかにもドイツ人らしい理屈っぽい質問をしたそうです。式部官は返答に窮しました。翌日から十六弁の菊を探しましたが、東京のどこを探しても見つかりません。そこで、宮内省から京都府に問い合わせがあり、当時の京都府知事を中心に京都中を調べたところ、平野家で十六弁の一文字菊を栽培していることが判明しました。時期は過ぎていて枯れかけていたようですが、東京からも検分に来られ、その菊の作り方の講義を東京でするようにと依頼があり、曾祖父は東京に出向いて講義をしたそうです。その後、栽培していた十六弁の一文字菊を手元で持っているのは恐れ多いということで、全て皇室に献上したそうです。多分、現在では、東京の新宿御苑でこの一文字菊が栽培されていることと思います。

「いもぼう」を守り伝える

材料・海老芋

海老芋は、もともと京都の伝統野菜です。現在は、加茂町、精華町、京田辺市など京都の南部で栽培されています。収穫量はそれほど多くありません。一時、京の伝統野菜を復活させようと行政でも力を入れて助成金を出したりもしたようです。しかし、栽培が難しく手間もかかるため、なかなか後継者も育たず、収穫量も頭打ちになりました。最近は、北部の京丹後市の弥栄町で栽培され始めています。今後に期待したいと思います。現在、京都の市場に最も多く入ってきている海老芋は静岡県の磐田という所で作られているものです。今から二十年から三十年前、試作品を静岡から私どもの店に持ってこられました。見せていただくと、竹芋のようにきめが粗く、形も海老芋のように曲がってはいませんでした。そのため、当時はそれを使って調理することはありませんでした。しかし、その後、毎年のように改良を加えられ、今ではかなり上質なものを栽培されているので、私どもの店でも使わせてもらっています。ただ、私どもで主に使っている芋は大阪の富田林産です。こちらは江戸時代から栽培されているもので、非常にきめが細かく海老芋の中では最高級といわれています。

私どもの店では畑でできたものを直接仕入れるので、大きさがまちまちで、それを組み合わせて使用しています。海老芋は一年中採れるわけではありません。収穫時期が十月後半からなので、一旦、掘り起こしたものを再び土の中で保存し、使う分だけを取り出します。そうして四月の末から五月の初めまで何とか持たせます。その後は、形は海老芋に似ていますが、白芋というものを使っています。ただ、白芋も夏の前にはなくなるので、秋までは里芋を使わざるをえません。

三月から四月頃に種芋を植えると、夏頃には蝉が木にとまるが如く親芋にくっついた形で小芋ができてきます。そのまま放っておくと小芋は育たないし、形もいびつなものになるので、土寄せという作業をします。これは親芋と小芋の間に土を入れる作業で、夏の最も暑い盛りに、七、八回も繰り返して行います。親芋から離すことで小芋は大きくなるので、「蝉から海老に変わる」といわれています。水の管理をしながら、ある時期が来ると親芋の茎を切って小芋に栄養が行き渡るようにします。海老芋は連作ができないので、できれば十年、少なくとも六、七年は畑を休ませないといけないそうです。どうしても海老芋の栽培には広い土地が必要になるので、これも生産量がなかなか増えない要因の一つかもしれません。

海老芋の特徴としてムチンという成分をたくさん含んでいることが挙げられます。この成分は胃の粘膜を保護し消化を助ける役割を果たし、疲労回復にも効果があるといわれています。

材料・棒鱈

棒鱈は乾物の中でも最も硬く干したものです。ご存じのように鱈は冬の魚で、漁の最盛期は1月から2月頃です。鱈には真鱈と助惣鱈《すけとうだら》があります。助惣鱈は蒲鉾の材料になったり、子は明太子に加工されたりします。私どもの店で使う棒鱈は真鱈を干したものです。最も寒い時期に産卵期を迎え、脂が乗ってきます。漁場は北方四島、歯舞、色丹、国後、択捉の周辺で、特に太平洋側が良い漁場といわれています。最近はロシア企業との合弁で漁をしているとのことで、乱獲防止のため漁船にはロシアの監視員が乗船しているそうです。

漁船の基地になる港は北海道の根室が中心となります。ここから漁船が出て、北方四島付近の漁場で漁をしています。漁法は三つあります。延縄《はえなわ》漁、底引き網漁、刺し網漁です。後の二つは魚を傷つけたりして鮮度が落ちるため、最も良いのは延縄漁といわれています。

そして、棒鱈の加工はほとんどが稚内で行われています。まず、真鱈をおろすわけですが、特殊なおろし方をします。まず、腹を開いて、オスなら白子《しらこ》、メスなら真子《まこ》を取り出します。真子は煮つけなどにして学校の給食などにも使われるそうです。白子は、みなさんもご存じかと思いますが、雲子《くもこ》のことで、鍋に入れたり、酢のものにしたりして食べます。他に取り出した腸類は全て捨てます。ただ、山形の方では、腸類の中でも肝などは身と一緒に鍋に入れて食べるそうです。それから、頭と中骨を離さずに取ってしまいます。これは棒鱈を作るためのおろし方です。屋内ですが、冬の最も寒い頃に多くの女性が携わって作業されています。

真鱈を干す過程ですが、昔は全て天日で干していたそうです。現在では、乾燥させる段階が三段階あります。まず一次乾燥です。屋内の乾燥庫で温風によって、三、四日間干します。次に二次乾燥です。これも屋内で行いますが、温風乾燥庫から出して、冷風を送って、二十日から二十五日間かけて七十%から八十%乾燥させます。北海道では凍るほど寒いことを「しばれる」と言いますが、しばれなくなると五十%から六十%の乾燥に抑えて、天日干しの日を長くすると聞いています。そして三次乾燥ですが、これは屋外における木組みのナヤと呼ぶ干し場での天日乾燥です。期間は約四週間です。二次乾燥まで済むと天候はあまり関係ないそうですが、一週間も雨が降るとやはり困るとのことです。一次から三次まで約二ヵ月間かけて乾燥させます。重量は生鱈の十分の一になってしまうそうです。

乾燥が終わると倉庫の中でシートをかぶせて、夏前までじっくり熟成させます。夏になり暑くなってくると冷蔵倉庫に移して、秋の競りまで保管するのです。京都では十一月の初旬に棒鱈の初競りがありますが、前の年の十月から漁に出て、真鱈を乾燥、熟成させて保管の上、翌年の十一月に競りにかけるので、やっと一年経って販売ということです。現在、大手の棒鱈の加工会社は四社のみです。競りに出てくる棒鱈の量は十年前の三分の一になっています。最盛期は二百トンくらい入ってきましたが、昨年は二十六トンでした。このように減ってきたのはやはり需要が減っているためです。昔は正月にはどの家庭でも必ず棒鱈を炊いていたのですが、最近では非常に少なくなっています。また、輸送手段の発達とともに、鱈が生のまま入ってくるようになり、生鱈を調理することが多くなってきたのも理由の一つかもしれません。

いもぼうの調理法

いもぼうの作り方ですが、まず面取包丁という専用の包丁で海老芋の頭を落として、身半分、皮半分になるようにむいていきます。一方の棒鱈は、冬場は一週間から十日間、夏場でも五日から一週間かけて毎日水を換えて柔らかくなるまで戻します。夏場はもちろん、冬場でも氷を入れて冷水で戻しています。温かい水で戻すと仕上がりが良くないからです。二ヵ月かけて乾燥させているわけですから、戻すときも時間をかけてじっくり戻さなくてはなりませんが、戻してみないとものの良し悪しが分かりません。

海老芋と棒鱈の戻したものを適当な大きさに切って、一緒に大きな銅の鍋で百人前を仕込み、昆布と鰹でとった一番だしを入れ、かまどで一昼夜かけて炊き上げていきます。こまめにあくを取りながら炊き上げていき、タイミングを見計らって味付けをするのですが、調味料は砂糖と醬油のみです。ただ、もう一つ秘伝の味付けがあり、私どもではこれを「馴れ味」と呼んでいます。

京料理独特の調理技術の一つとして出合い物をご紹介しましたが、南の方でとれた海老芋と北海道でとれた棒鱈が京都で出会うという意味もありますが、「食材」としてもこの二つは相性が非常に良いのです。たとえば棒鱈は腹骨が若干残った状態で小口に切るため、小骨が残っていることがあるのですが、芋のあくが身はもちろん骨までも柔らかくしてくれます。棒鱈から出るあく（膠質《にかわしつ》）は芋の表面を覆って芋の型崩れを防ぎ、味も中までしみ込むようにします。それぞれが持ち味を発揮し合って「いもぼう」という全く新しい味ができるわけです。私たちはこれを「夫婦炊《めおとだ》き」と呼んでいます。昔から私どもの店でお見合いをされることがよくありますが、これは、お互いを補い合ういもぼうにあやかって、必ず結ばれると言われているからです。

いもぼうを守っていくために

初代から数えて私まで十四代にわたって、一子相伝によりいもぼうを守り続けてきました。『宮本武蔵』の著者である吉川英治先生に「百年を伝えし味には百年の味あり」と、お褒めの言葉をいただきましたし、ノーベル文学賞作家の川端康成先生には「美味延年」という言葉を書いていただき、大変有難く存じております。同時に京都の名物料理の一つを守り続けているという自負心もあり、京都の食文化の一端を担っているという使命感、責任感も感じています。

常々念頭に置いている言葉に「続ける、つなぐ、積み上げる。」があります。「続ける」は、先祖から代々続いてきたことをこれからも続けていくことが大切。「できものと料理屋は大きくなるとつぶれる」といわれますが、そういったことがないように細く長く続けていくことが大切だと思っています。「つなぐ」とは、継承することです。私の力の尽きないうちに力のみなぎる若い世代につないでいくことが大事だと考えています。最後の「積み上げる」は、続けてつなぐことを積み上げていかないと歴史は続きません。私の余力のある間に次の若い力につないでいき、私の経験を若い人に伝えていきたいと思います。この「続ける、つなぐ、積み上げる。」を心に刻んで、これからも頑張っていきたいと思います。

【平成二十一年十二月五日「京の食文化と京名物いもぼう」より】

北村 眞純(キタムラ マズミ)

1947年、大阪府生まれ。
1969年、同志社大学卒業後、松下電工株式会社を経て、いもぼう平野家本家に入店。修業後、若主人として 30年あまり 13代当主を補佐し、14代当主として、現在に至る。
現在、京都料理組合の副組合長を務める。

いもぼう平野家本家(イモボウヒラノヤホンケ)

元禄から享保年間の創業で 300 年の歴史を誇る老舗。青蓮院の宮様が九州行幸の折に唐芋(とうのいも)という芋を持ち帰り、初代平野権太夫が栽培を手がけ、京都の土に根付いたのが海老芋の始まり。それを宮中への献上品であった北海道産の棒鱈と工夫を凝らして炊き合わせたところ、とても相性がよく、京名物「いもぼう」(登録商標)として一躍有名になった。店には川端康成を始めとする文人墨客もよく訪れたという。その伝統の技と味は一子相伝によって今も伝えられている。
京都市東山区祇園円山公園内八坂神社北側
電話：075-525-0026
FAX：075-531-3232
URL：http://www.imobou.com/

佛教大学四条センター

一般の方々に開放している
生涯学習センター

佛教大学四条センターとは

佛教大学がその建学の精神に則り、大学の教育・研究の成果を社会に広く開放することを目的に、一九八四年十一月一日に設置・開設された佛教大学の付置機関です。

大学の学問とその研究成果については、学内に秘蔵されるものではなく、社会に広く開放されてしかるべきものであります。学問研究の成果を開放することは、本学のみにとどまらず、広くその成果を問うものにつながると考えています。

庶民仏教の開祖・法然上人の教えの原点に立ち返り、佛教大学が垣根を払って地域社会に共生を求めんとした姿が佛教大学四条センターです。大学と地域社会の「交流」を目指すことにより、教育・研究の発展、ひいては人類・社会の幸せに寄与することを願っています。

●事業内容

- 生涯学習公開講座の開催
- 各種講演会、学術セミナーの開催
- カルチャールーム（展示スペース）での絵画展、写真展などの開催
- 佛教大学四条センター叢書、佛教大学通信教育部鷹陵文化叢書などの書籍の販売
- セルフコピー機（有料）の設置
- その他

事業の中心でもある、公開講座は三ヵ月を一期として、一年間四期（春期・夏期・秋期・冬期）で実施しています。各期の開講講座は当センターが発行する小冊子『講座案内』で案内しています。

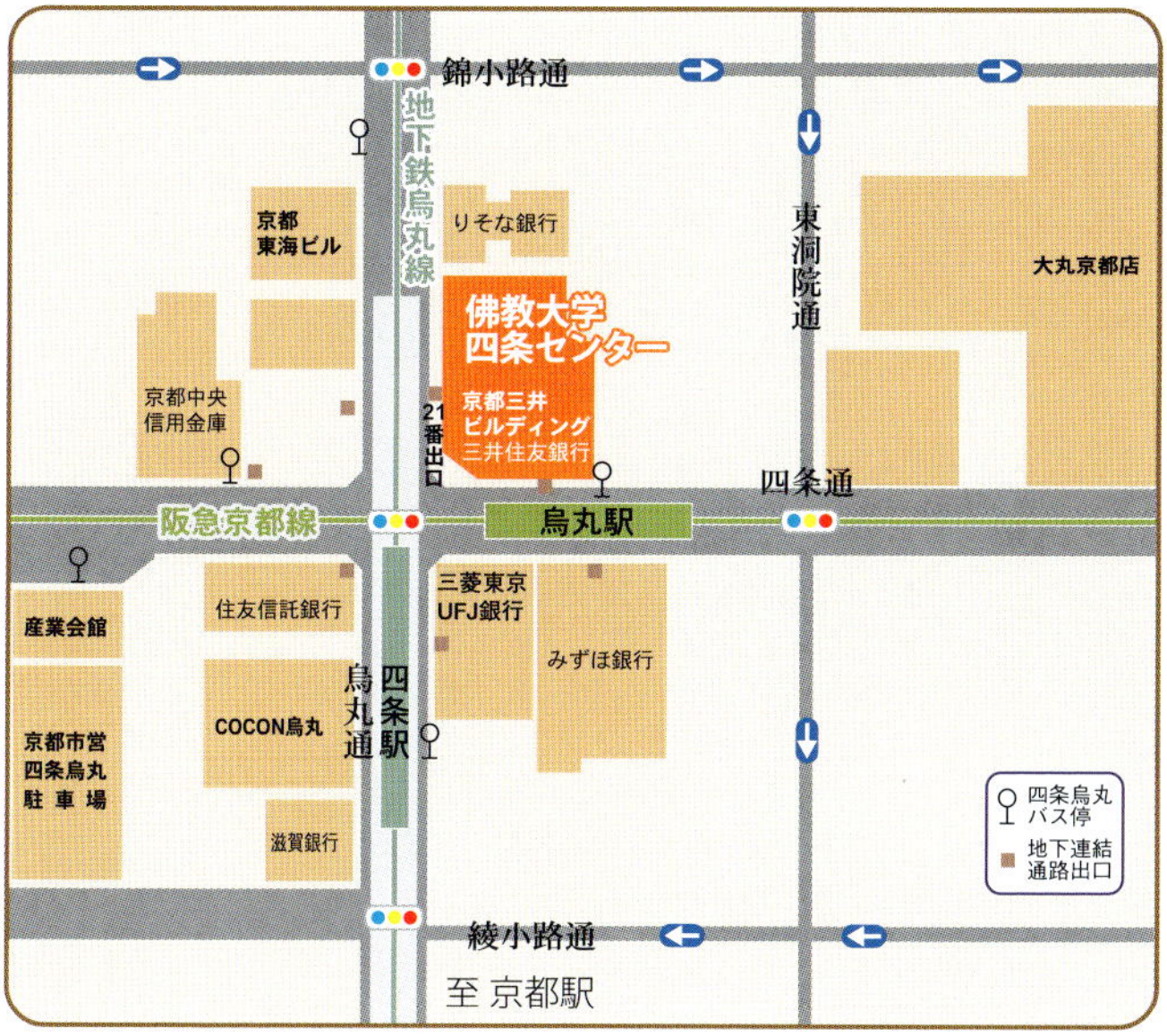

▶京都市内各所から

京都市営地下鉄烏丸線「**四条**」駅、阪急京都線「**烏丸**」駅下車
地下連絡通路21番口より、京都三井ビル地階へお越しいただき、エレベーターをご利用ください
京都市営バスほか「**四条烏丸**」停留所下車
四条烏丸交差点北東角（京都三井住友銀行）にあるビルの4階です

▶JR「京都」駅から

京都市営地下鉄烏丸線「**四条**」駅下車

〒600-8008
京都市下京区四条烏丸北東角　京都三井ビルディング4階
Tel : 075-231-8004（代表） / Fax : 075-231-8437
E-Mail : busec@bukkyo-u.ac.jp
URL：http://www.bukkyo-u.ac.jp/facilities/shijo/

●事務取扱時間	10：00〜17：00
●休　館　日	日曜・祝日・大学ならびに当センター指定日

編集を終えて

講座「老舗に学ぶ京の衣食住」は平成二十年度の冬期から始まりました。佛教大学四条センター講座案内には次のように講座の説明を載せております。

「この講座は「一寸変わった京都学」とも言えます、「本物の京都学」とも言えます。受講生の皆さんに第一次資料（プライマリーソース）から直接京都について学んでいただくものです。京都の老舗に関わる方に、お店の歴史やその製品、品物についてお話をしていただきます。製品、品物の実物や写真も見せていただきます。京の衣食住を老舗から直接学んでいただければと思います。」というものです。

四条センター所長在任中に、コーディネーターとしてこの講座を始めました。京都には老舗が多くあるとはいえ、日程調整が難しく四苦八苦しておりました。そんな折、お知り合いの老舗の御主人の日程調整の労を取って下さったのが、井上冨三子さんです。老舗に生まれ、祇園を走り回って大きくなったとおっしゃる井上さんのお陰で、平成二十一年一月から平成二十四年三月まで三年三ヵ月、計三十八回、老舗の話をお聞きする事ができました。

昭和五十九年に新しい大学の在り方を追求し、四条烏丸に開設された佛教大学四条センターは、日本の大学の生涯学習センターの先駆けであります。この「老舗に学ぶ京の衣食住」は、生涯学習センターの老舗であり、京都のど真ん中にある四条センターならではの講座と言えるのではと自負しております。

四条センター開設者の水谷幸正前理事長（現相談役）は、この場は「心がたくさん集まる場に」、「物が集まるデパートではなく、心が集まる心のデパートに」とおっしゃっています。この講座は、現在の多くの心に加えて、長い歴史が伝えた心や、新しい時代に向う心が集まり、まさに「心のデパート」の具現化を果たしているといえます。

また、平成二十二年度には年間受講者数が約四万となり、文字通り日本一になった四条センターは、学習者、講師、四条センター職員の三者が互いに尊敬し合い心を通わせる学びのトライアングルを形成し、アンドラゴジー（成人教育）の理想をも具現化しています。

ご多忙の中、講師を務めていただきました老舗の皆さまに厚く御礼申し上げます。思文閣出版の原宏一氏には大変お世話になりました。また、自然堂の藤井ゆい子氏には文字起こしと編集にお骨折りいただきました。ニュアンスを残して文字にするのは至難の業と存じます。四条センター職員は講座にかける情熱同様、叢書の編集、校正にも力を注いでくれました。お陰さまで、より多くの方々に京の衣食住を老舗から学んでいただけることとなりました。ただ、奥深い京都の文化のことですので、編集、校正に行きとどかない部分があるかと存じます。どうぞご海容いただきますようお願い申し上げます。

一冊の本では、全ての講座を取り上げることができず、衣食住のバランスを考えて十六講座のみを掲載致しました。全三十八講座、どれも貴重なお話でした。この後も出版をと願っております。

最後になりましたが、推薦の言葉をいただきました京都市長門川大作様、茶道裏千家大宗匠千玄室様に心より感謝申し上げます。

佛教大学教育学部 教授　西岡 正子

佛教大学《ぶっきょうだいがく》四条《しじょう》センター叢書《そうしょ》5

老舗《しにせ》に学《まな》ぶ京《きょう》の衣《い》食住《しょくじゅう》

二〇一三年三月十五日　初版発行

編　者　西岡《にしおか》 正子《しょうこ》

企　画　佛教大学四条センター

発行者　田中 大

発行所　株式会社思文閣出版

〒六〇五-〇〇八九

京都市東山区元町三五五

☎〇七五-七五一-一七八一(代表)

編集・制作　自然堂株式会社

印刷・製本　株式会社図書印刷同朋舎

落丁・乱丁本はお取り替えいたします。

ISBN 978-4-7842-1673-4 C1039　定価：本体 1,900 円(税別)